¡Sssssshhhhhhhhhhh!

Haz del teatro algo íntimo

Llévalo siempre en el bolsillo

Cubierta y diseño editorial: Éride, Diseño Gráfico
Dirección editorial: ángel jiménez

Primera edición: octubre, 2025

El juego de los esclavos / la verdad de los sueños
Jerónimo López Mozo
© Del prólogo: Laura López Mozo
© VdB, 2025
Espronceda, 5
28003 Madrid

VdB®

ISBN: 979-13-87644-48-2
Depósito Legal: M-21410-2025
Diseño y preimpresión: Éride, Diseño Gráfico

 Este libro protege el entorno

el juego de los esclavos

Jerónimo López Mozo.
(Gerona, 1942-Madrid, 2024)

Dramaturgo, crítico y ensayista. Ingeniero de profesión descubrió su vocación teatral durante la adolescencia a través de la lectura de autores como Chejov, Baroja, Juan Ramón Jiménez o Dostoyevski. Su primera obra, *Los novios o la teoría de los números combinatorios* (1964) fue estrenada en 1965 en Sevilla. Formó parte de la generación llamada Nuevo Teatro Español y ha sido parte activa en numerosas asociaciones culturales, grupos independientes y universitarios como TEU de Murcia, el Lebrijano, la Asociación de Autores de Teatro (AAT), la Asociación Española de Teatro para la Infancia y la Juventud (AETIJ), el Instituto Internacional del Teatro (IIT) o la Federación Nacional de Teatro Universitario, de la que fue miembro fundador en 1967.

La mayor parte de su primera obra sufrió los rigores de la censura aunque algunas piezas fueron publicadas o llegaron a ser representadas por grupos que se arriesgaron a burlar los controles existentes. Está considerado como uno de los autores de la segunda mitad del siglo veinte que más ha defendido el uso de la palabra —del teatro de texto— en escena. Como autor teatral, ha escrito más de ochenta piezas, casi todas publicadas y representadas. Jeronimo López Mozo ha redefinido conceptos claves que giran en torno a la memoria, es decir, cómo definen el recuerdo, el olvido, la memoria colectiva y la memoria histórica.

JERÓNIMO LÓPEZ MOZO

el juego de los esclavos

Personajes

PRISCO
SEÑOR NEGRERO
TRIVELÍN

3

Escena 1
En la hacienda.

> PRISCO *entra por un lateral del escenario portando un fardo. Viste botas de cuero cuarteado, holgado pantalón de tela basta y gris que le cubre hasta media pantorrilla y blusón a rayas. Desaparece por el otro lateral y enseguida hace el camino de vuelta con otro fardo de tamaño algo mayor. Repite el viaje de ida y vuelta unas cuantas veces, siendo los bultos, en cada uno de ellos, más voluminosos y pesados, lo que le obliga a arrastrarlos. El esfuerzo hace mella en él y da pruebas de cansancio. Ora se seca el sudor con el brazo, ora hace un alto, respira hondo y vuelve a la faena. Las paradas se van haciendo más frecuentes y prolongadas. En medio de una de ellas irrumpe en escena el* SEÑOR NEGRERO, *con aspecto de jinete sin caballo: botas de montar, pantalón militar del cuerpo de caballería y sahariana.*

SEÑOR NEGRERO   (*Con voz de trueno.*) ¿Qué haces ahí parado?

PRISCO   Estoy molido.

SR. NEGRERO   De no dar un palo al agua, vago. A palos voy a molerte si no espabilas.

PRISCO	Démelos, que, mientras los recibo, descanso.
SR. NEGRERO	¿Esas tenemos, mentecato? A más de vago, impertinente. Cierra la boca y sigue.
PRISCO	Si no manda otra cosa…
SR. NEGRERO	De aquí a una hora quiero ver lleno de agua el estanque, después lo vacías y lo rellenas y antes de que caiga la noche sacas a pasear a los perros. No te acuestes sin dar lustre a las botas que calzaré mañana. Si no te duermes en los laureles, aún te sobrará tiempo para encender la caldera. Ítem más: busca un hueco para cambiar las bombillas fundidas de la escalera y otro para dar un buen barrido al almacén. ¿Te has enterado?
PRISCO	Mejor si me lo repite.
SR. NEGRERO	¡Al tajo, haragán!
PRISCO	Si a algo no me diera tiempo…
SR. NEGRERO	¡Todo lo quiero para ayer! (*Le propina un puntapié en las nalgas.*) Se acabó la cháchara, cimarrón. (*Bajo la mirada implacable del* SEÑOR NEGRERO, *vuelve* PRISCO *a empujar el fardo.*) Repasa cosa por cosa lo que te he mandado hacer.

PRISCO   (*Para de nuevo.*) Llenar el estanque, vaciarlo, volver a llenarlo…

SR. NEGRERO   ¡Chamulla sin dejar la faena!

PRISCO   No puedo, como no se puede estar repicando y en la procesión al mismo tiempo. O digo lo que he de hacer o hago lo que estoy haciendo.

SR. NEGRERO   ¡Serás imbécil! A mí con trabalenguas, no. Yo te demostraré que se pueden hacer veinte cosas a la vez.

PRISCO   (*Previniendo el castigo.*) Dos para mí ya son muchas. Veremos si no encallo. Después de lo del estanque, tengo que sacar a los perros… Creo que antes toca encender la caldera… O eso después de limpiarle las botas. Aunque algo me ha dicho del almacén. También de las escaleras. Barrerlas o poner bombillas. Sepa, señor, que todo se hará como lo ha mandado.

SR. NEGRERO   Más te vale.

PRISCO   En cuanto al orden… El orden poco importa.

SR. NEGRERO   ¡Claro que importa!

PRISCO   Será ahora, porque hasta la semana pasada el orden de factores no alteraba el producto.

SR. NEGRERO   ¿Dónde has oído eso?

PRISCO   Se lo dijo usted al director del banco y el director del banco lo dio por cierto. También le dijo que dos y dos son cuatro, pero que con un poco de maña pueden ser cinco, a lo que el mismo director añadió que, puestos a ello, podían ser seis, siete o más. (*Interpreta el gruñido del* SEÑOR NEGRERO.) ¿Se va ya?

SR. NEGRERO   Voy y vuelvo. Pero esté donde esté, no te quitaré los ojos de encima.

(*Sale el* SEÑOR NEGRERO *y* PRISCO, *sintiéndose vigilado, sigue empujando el fardo. Un espectador abandona su localidad y sube al escenario. Puesto que el reparto de la pieza está integrado, según consta en el programa, por tres personajes y habiendo intervenido hasta este preciso momento dos, el recién llegado no puede ser otro que* TRIVELÍN. *Contempla de cerca a* PRISCO.)

TRIVELÍN   ¿Puedo ayudarte?

PRISCO   No se lo recomiendo. Pesa como demonios.

TRIVELÍN   Repartida entre dos, la carga es menor.

PRISCO   Sepa que no es el último bulto que me queda por trasladar.

TRIVELÍN   ¿Faltan muchos?

PRISCO   Unos cuantos. Así que mejor es que no me
              entretenga. Si usted quiere mirar, mire. Yo
              a lo mío, señor…

TRIVELÍN   Trivelín.

PRISCO   Vaya nombre raro.

TRIVELÍN   ¿Y el tuyo?

PRISCO   Más raro todavía: Prisco.

TRIVELÍN   Conocí a un Tarquino Prisco rey, a un Pris-
              co de Panio historiador, a un Ciutorio
              Prisco poeta, a un Helvidio Prisco filósofo
              y a unos cuantos militares romanos cuyos
              nombres omito por no parecer pedante.
              Prisco a secas hubo uno que era esclavo.

PRISCO   Pues si soy descendiente de alguno, con-
              forme me va la vida, será del esclavo. Aun-
              que a falta de otros nombres y apellidos,
              tengo una larga lista de apodos.

TRIVELÍN   ¿Cuáles son?

PRISCO   Algunos ya los ha oído: Vago, Mentecato,
              Impertinente, Haragán, Cimarrón, Imbé-
              cil… Si tiene paciencia, conocerá los demás:
              Cernícalo, Ridículo, Bruto, Cafre, Lerdo…

TRIVELÍN   ¿Todos te los ha puesto…?

PRISCO   El señor Negrero.

TRIVELÍN   Visto lo visto, comprendo que no le apre-
                cies demasiado. Entre nosotros, dime con
                qué mote le has bautizado. Te guardaré el
                secreto.

PRISCO   Con ninguno, pues ya lo lleva en su nom-
                bre: Negrero. Cuando lo pronuncio, le in-
                sulto sin que él se de cuenta.

TRIVELÍN   ¿Siempre te trata igual de mal?

PRISCO   A veces, peor. El señor Negrero tiene las
                manos largas.

TRIVELÍN   Lo sospechaba. ¿Cómo es?

PRISCO   Es atolondrado, malvado, derrochador, una
                pizca jactancioso e hipócrita. Cuando hay
                que ser generoso, nadie es más agarrado
                que él y, cuando pide un favor, lo paga tar-
                de y mal. Con sus amigos es otra cosa. Le
                gusta hacer bromas. Se burla de todo y de
                todos.

TRIVELÍN   Seguro que ellos le ríen las gracias.

PRISCO   A mandíbula batiente. Están hechos de la
                misma pasta.

TRIVELÍN	¿No lo adorna ninguna virtud?
PRISCO	Si la tuviera, lo hubiera dicho. Así es mi jefe. ¿Sigo haciéndole el retrato?
TRIVELÍN	Con ese bosquejo es suficiente. Lo que no entiendo es por qué, estando tan mal pagado, sigues a su servicio.
PRISCO	¡Ahí me duele! El señor Negrero me rescató de otro negrero que me explotaba y, prometiéndome el oro y el moro, me tomó a su servicio. Como desconozco a qué se refería con lo del moro, no sé si me lo ha dado o no, pero de lo que estoy seguro es de que no he recibido ni un gramo de oro ni nada que se le parezca.
TRIVELÍN	¿Se lo has reclamado?
PRISCO	Hasta el aburrimiento.
TRIVELÍN	¿Y él?
PRISCO	Como quien oye llover.
TRIVELÍN	¡Vete, querido Prisco! No sigas aquí ni un minuto más.
PRISCO	Créame que lo haría si pudiera.
TRIVELÍN	¿Qué te lo impide?

PRISCO   ¡Buena pregunta! El señor Negrero guarda bajo llave mi documentación. Como quien dice soy suyo, de su propiedad.

TRIVELÍN   ¡Eres su esclavo!

PRISCO   Ni más ni menos. Como aquel otro Prisco que usted conocía.

SR. NEGRERO   (*Voz en off.*) ¿Dónde has escondido los palos de golf, necio?

PRISCO   ¡Necio! Otro apodo para la lista. Váyase antes de que lo vea. Está hecho un basilisco.

TRIVELÍN   De aquí no me muevo.

PRISCO   Allá usted.

TRIVELÍN   Yo sé lo que hago.

PRISCO   (*Mueve con ligereza el fardo.*) ¡Ahí está!

TRIVELÍN   Déjalo de mi cuenta.

(*Entra furioso el* SEÑOR NEGRERO, *pero la presencia de* TRIVELÍN *lo frena en seco.*)

SR. NEGRERO   ¿Nos conocemos?

TRIVELÍN   Permítame que me presente.

SR. NEGRERO   ¿Por dónde ha venido?

TRIVELÍN   (*Señala la platea.*) Por ahí.

SR. NEGRERO   ¿Estaba entre el público?

TRIVELÍN   En primera fila. En esa butaca.

SR. NEGRERO   ¿Tiene entrada?

TRIVELÍN   (*Se la muestra.*) Sí.

SR. NEGRERO   Eso solo le da derecho a ver el espectáculo, no a subirse al escenario.

TRIVELÍN   Cierto.

SR. NEGRERO   ¿Entonces?

TRIVELÍN   Levanto el vuelo.

(TRIVELÍN *desciende del escenario y se aleja por el pasillo.*)

SR. NEGRERO   ¡Oiga!

TRIVELÍN   (*Se vuelve.*) ¿Sí?

SR. NEGRERO   ¿No se sienta?

TRIVELÍN   Otro día. Se me hace tarde. (*Alza los brazos, como si volara.*) Recuerde: el vuelo.

SR. NEGRERO   El vuelo… ¿Qué vuelo?

TRIVELÍN	Usted tiene una bonita finca y yo un bonito avión. Desde el cielo uno se siente dueño del mundo.
SR. NEGRERO	¿Del mundo mundial?
TRIVELÍN	No es para contarlo; es para verlo.
SR. NEGRERO	Señor… ¿Cómo me ha dicho que se llama?
TRIVELÍN	Trivelín.
SR. NEGRERO	Permítame que me presente.
TRIVELÍN	No es necesario, señor Negrero.
SR. NEGRERO	¡Vaya! Conoce mi nombre.
TRIVELÍN	Por su empleado.
SR. NEGRERO	(*Amenaza a* PRISCO *con un sopapo.*) ¡Bocazas! (*A* TRIVELÍN.) ¿No le habrá importunado este palurdo?
TRIVELÍN	Se ha comportado muy discretamente.
SR. NEGRERO	Uno hace cuánto puede por darle buena educación, pero no siempre saca el mejor provecho. (*A* PRISCO.) Sigue a lo tuyo, fisgón. (*De nuevo al señor* TRIVELÍN.) Señor Trivelín, ¿usted me alquilaría su avión? No por mucho tiempo. Solo para dar un paseo. ¿Me hará ese favor?

TRIVELÍN   Se lo presto.

SR. NEGRERO   ¿Gratis?

TRIVELÍN   Los favores no se cobran.

SR. NEGRERO   Entonces, está todo hablado. No esperemos más.

TRIVELÍN   Debo darle un consejo: aunque el aparato se conduce solo, pues lleva incorporado un piloto automático, conviene que se haga acompañar por un auxiliar de vuelo. Es recomendable para realizar ciertas maniobras como apretar un tornillo que se afloja, quitar de las alas las cagadas de los pájaros y, sobre todo, engrasar las bisagras. ¡Se pone uno perdido de aceite!

SR. NEGRERO   ¿Y de dónde saco yo un auxiliar de vuelo?

TRIVELÍN   No necesita ir muy lejos. Lo tiene en casa.

SR. NEGRERO   (*Por* PRISCO.) ¿Este?

TRIVELÍN   ¿Quién mejor que un hombre de su confianza?

SR. NEGRERO   Está de broma.

TRIVELÍN   Hablo en serio.

SR. NEGRERO   No estoy dispuesto a darle la oportunidad de que vea el mismo paisaje que yo.

TRIVELÍN   Ordénele que durante el vuelo vaya con los ojos cerrados.

SR. NEGRERO   Excelente idea. Aunque me parece que mejor será vendárselos, no sea que los abra a hurtadillas. Amigo Trivelín, ya estoy impaciente por despegar.

TRIVELÍN   Embarquen, pues.

PRISCO   (*Para sí.*) Mal me va en la tierra, pero andar por los aires, no me gusta.

SR. NEGRERO   ¿El avión?

TRIVELÍN   Ahí fuera está. Ayúdenme a ponerlo en pista. (*Sacan al escenario un aeroplano pintado en un telón de los usados por los fotógrafos de las barracas de feria. En un aparte al público.*) Para el paripé, nada de aviones de verdad. El vuelo, como el montaje, es de bajo coste. (*A los viajeros.*) ¡Pasajeros a bordo!

PRISCO   ¿Tengo que subir a eso?

    (*El* SEÑOR NEGRERO *y* PRISCO *se colocan tras el telón dejando medio cuerpo fuera. El primero ocupa el asiento del piloto y, el segundo, el más próximo a la cola. El* SEÑOR

NEGRERO *se cubre los ojos con unas gafas de aviador y* PRISCO, *ayudado por* TRIVELÍN, *con un pañuelo.)*

TRIVELÍN ¡Listos para el despegue!

(Arranca el motor y sube de revoluciones.)

PRISCO ¡Esto se bambolea!

SR. NEGRERO ¡Estamos en el aire!

*(*TRIVELÍN *les dice adiós con la mano.)*

Escena 2

Ya se van por esos aires rompiéndolos con más velocidad
que una saeta: el viaje a ninguna parte.

*El runrún del avión indica que están en ple-
no vuelo.*

PRISCO ¿Por dónde vamos?

SR. NEGRERO ¡Yo que sé!

PRISCO ¿De qué tamaño se ven las cosas?

SR. NEGRERO ¡Yo que sé!

PRISCO El que no lo sabe soy yo.

SR. NEGRERO ¿Te callarás, imbécil?

PRISCO ¿Acaso no las ve porque se ha hecho de
noche?

SR. NEGRERO Es de día.

PRISCO ¿Entonces?

SR. NEGRERO Volamos sobre un mar de nubes.

Prisco	Vaya fatalidad. Señor Negrero, ¿cómo es el cielo visto de cerca? Porque el cielo sí lo verá. ¿O tampoco?
Sr. Negrero	El cielo, sí.
Prisco	¿Cómo es?
Sr. Negrero	¡Que te calles!
Prisco	Primero ciego y, ahora, me quiere mudo.

(*Permanecen en silencio, el* Señor Negrero *asomado al vacío tratando de encontrar algún agujero por el que se vea la tierra y,* Prisco, *empeñado en servirse del dedo índice de su mano derecha como instrumento de medida de la velocidad del viento, la temperatura del aire y otros fenómenos atmosféricos. De lo que ni uno ni otro se percatan hasta que empiezan los bandazos es de que se ven envueltos por una tormenta de truenos, relámpagos y rayos.*)

Sr. Negrero	¡Quiero bajar de este columpio! ¡Tener los pies en el suelo! ¡Como siempre! ¿Dueño del mundo? ¿Dueño del mundo aquí? ¡Me río! Lo soy abajo. ¡Aquí, no! ¡Esto no tiene nada de divertido! ¡Que alguien suba a buscarme! ¡Socorro! ¡A mí! ¡Grita conmigo, bastardo! ¿Te ha comido la lengua el gato? (Prisco *niega con la cabeza.*) ¿O es que tú tampoco me oyes? (*Hace gestos afirmativos.*) ¿He de decírtelo más alto, pelele?

(*Vuelve a negar.*) Deja de hacerte el sordo. Te da lo mismo ocho que ochenta. Es eso, ¿no? Entérate, tuercebotas: lo que sea de mí, será de ti. Estamos al borde del precipicio. ¡Estoy al borde del precipicio! ¿Hay desgracia mayor?

(*Pasa la tormenta y vuelve la calma, aunque el único que nota el cambio es* PRISCO, *pues el* SEÑOR NEGRERO *sigue entregado en cuerpo y alma a sus lamentos.* PRISCO *se levanta la venda lo justo para mirar con cautela a su alrededor y lo hace en el momento preciso en que las nubes desaparecen.*)

PRISCO   ¿Puedo decir algo?

SR. NEGRERO   ¿Ahora recuperas el habla, hijo de Satanás? ¿Qué impertinencia vas a soltar?

PRISCO   Estoy viendo el mar.

SR. NEGRERO   ¡Qué mar ni que niño muerto!

PRISCO   El mar. Ahí abajo.

SR. NEGRERO   (*Comprueba que no miente.*) ¡El mar! ¿Te has quitado la venda?

PRISCO   Se ha aflojado un poco. ¿Aprieto el nudo?

SR. NEGRERO   El nudo te lo haces en la lengua. (*Suspira.*) ¡En el estómago lo tengo yo! ¡Ay! ¿Adónde voy? ¿Qué América queda por descubrir? ¡El avión navega rumbo a ninguna parte!

PRISCO   A algún sitio irá a parar.

SR. NEGRERO   A un agujero negro de los muchos que hay en el espacio, a los abismos marinos o al centro del sol.

PRISCO   Los agujeros negros son un invento y el sol queda lejos.

SR. NEGRERO   Entonces, al fondo del mar.

PRISCO   No lo creo.

SR. NEGRERO   ¿Qué sabrás tú, ignorante?

PRISCO   El mar se acaba, señor Negrero. ¿No es tierra aquello que se ve allí?

SR. NEGRERO   ¡Tierra a la vista! (*Del motor salen extraños ruidos. La hélice rota cada vez más despacio. Al cabo, se detiene. El aparato cae en picado dejando tras de sí una espesa estela de humo.*) ¡Es el fin! Yo no estoy preparado para un desenlace de tragedia.

PRISCO   Bien mirado, es una suerte que, si hemos de morir, lo hagamos en seco.

(*El aeroplano impacta con gran estruendo contra el suelo.*)

Escena 3
La isla de los esclavos

> *Una playa con alguna roca y árboles. El SE-*
> *ÑOR NEGRERO y PRISCO yacen tendidos en el*
> *suelo. El SEÑOR NEGRERO levanta la cabeza,*
> *se sienta, se quita las gafas, suspira, vuelve*
> *a tumbarse y como impulsado por un resor-*
> *te se incorpora de nuevo y busca con la mi-*
> *rada no se sabe qué.*

SR. NEGRERO   ¿Prisco?

PRISCO   ¿Jefe?

> (PRISCO *se pone en cuclillas y se despoja de*
> *la venda.*)

SR. NEGRERO   ¿Ves lo que yo?

PRISCO   Supongo que sí.

SR. NEGRERO   ¡Nada!

PRISCO   Algunas rocas. Aquí y allá árboles.

SR. NEGRERO   ¡Es decir, nada! Tendría que haber alguna casa, algo que indicase que estamos en
un lugar habitado. ¿Qué será de nosotros?

(*Se pone de pie y se sacude el polvo.*) Tenemos que salir de aquí. Si no consigo salvarme, estoy perdido.

PRISCO A mí, plin.

SR. NEGRERO ¿Has perdido el juicio?

PRISCO El que nada tiene, nada pierde.

SR. NEGRERO Yo sí tengo.

PRISCO Bien lo sé y lo compadezco.

SR. NEGRERO ¿Qué será de mi hacienda?

PRISCO No faltará quien se la cuide.

SR. NEGRERO ¿Con qué licencia?

PRISCO Si la cuida, ¿qué más da?

SR. NEGRERO ¡Qué sabrás tú lo que es un título de propiedad!

PRISCO Ni una palabra.

SR. NEGRERO Estamos perdiendo el tiempo. Sígueme. Vayamos por ahí.

PRISCO Tengo las piernas entumecidas y quizá algún hueso roto.

SR. NEGRERO	Caminemos. Te lo exijo.
PRISCO	Si me lo ruega, tal vez le haga caso.
SR. NEGRERO	¿Esas tenemos, sinvergüenza?
PRISCO	Ya ve.
SR. NEGRERO	Me dan ganas de llorar. Abusas de mi situación.
PRISCO	Pues la aventura es divertida.
SR. NEGRERO	Tu alegría no viene a cuento, pero no te lo tendré en cuenta si haces el favor de acompañarme.
PRISCO	Lo haré si vamos por allá.
SR. NEGRERO	¡Por aquí, por allá!, ¿qué más da? Lo que importa es que nos movamos. Apresurémonos.
PRISCO	La verdad es que yo no tengo ninguna prisa. Cuanto más tardemos en llegar a donde quiera que lleguemos, más tardará en molerme las espaldas a garrotazos.
SR. NEGRERO	¡Insolente! ¿Así correspondes al cariño que te tengo?
PRISCO	Sus muestras de cariño me tienen baldado.
SR. NEGRERO	¿Reniegas de mí?

PRISCO ¿Qué quiere? ¿Que lo adore? Me trata como un pobre animal.

SR. NEGRERO ¡Ingrato! ¡No mereces vivir! ¡Ven acá! Voy a darte un escarmiento! Verás lo que es bueno.

(*La inesperada y providencial aparición de* TRIVELÍN *salva a* PRISCO *de una buena tunda. Si tardamos en reconocerlo es porque ha mudado de indumentaria. La que luce ahora le da aire de juez togado.*)

TRIVELÍN ¡Quieto! ¿Qué hace?

SR. NEGRERO Castigar la insolencia de mi criado.

TRIVELÍN ¿De esa manera?

SR. NEGRERO Es la que mejor entiende este descastado.

TRIVELÍN Aquí están prohibidos los castigos corporales.

SR. NEGRERO Le aseguro que en este caso está más que justificado.

TRIVELÍN Y yo le digo que en la isla de los esclavos no hay excepciones.

SR. NEGRERO No conozco ninguna isla con tal nombre.

TRIVELÍN Estamos en ella.

SR. NEGRERO   ¿Hemos ido a caer en una isla? Aquí hay cosas que no cuadran. Parece como si me estuviera esperando.

TRIVELÍN   Así es. Ha seguido la hoja de ruta prevista.

SR. NEGRERO   ¿Prevista por quién?

TRIVELÍN   ¿Por quién ha de ser sino por mí?

SR. NEGRERO   Lo que no entiendo es cómo ha llegado usted al mismo tiempo que yo.

TRIVELÍN   (*Al público.*) ¿Cómo le cuento a este que, en realidad, no nos hemos movido de dónde estábamos, que solo ha cambiado un poco la escenografía? ¡Estamos en el teatro, que caramba! (*Al* SEÑOR NEGRERO.) He venido por un atajo.

SR. NEGRERO   ¿Qué atajo puede haber con el mar por medio? ¡Me toma el pelo! Le exijo una explicación. El viaje ha sido un fiasco. Las nubes no dejaban ver el paisaje.

TRIVELÍN   Le aseguro que no las he puesto yo.

SR. NEGRERO   ¿Ni la tormenta?

TRIVELÍN   Tampoco. A mí Júpiter no me ha regalado la caja de los truenos. Los fenómenos atmosféricos no son de mi incumbencia. Yo me he limitado a prestarle mi avión.

SR. NEGRERO	¡Pura chatarra! Estoy vivo de milagro.
TRIVELÍN	Exagera. Reconozco, eso sí, que el aterrizaje ha sido algo brusco, un tanto a lo salto de canguro.
PRISCO	Yo tenía la sensación de que el avión no se movía, de que estaba quieto, de que ni siquiera volaba.
SR. NEGRERO	No decías lo mismo cuando estábamos arriba.
PRISCO	Decir, lo que se dice decir, decía más bien poco, por no decir que no decía nada. Usted me prohibió abrir la boca.
SR. NEGRERO	¡En barrena! ¡Así caímos! No se hable más del asunto. Por mí, zanjado, señor Trivelín. Lo que ahora me importa es regresar cuanto antes a mi casa.
TRIVELÍN	Podrá hacerlo tan pronto como llenemos de combustible el depósito del avión.
SR. NEGRERO	Preferiría usar otro medio de transporte.
TRIVELÍN	No lo hay.
SR. NEGRERO	Pagaré el pasaje a precio de oro.
TRIVELÍN	No es cuestión de dinero.

SR. NEGRERO Muéstreme el atajo que usted conoce.

TRIVELÍN Es de paso restringido. Está reservado a los isleños.

SR. NEGRERO ¡Isleños en una isla desierta! Bromea.

TRIVELÍN Desierta no está. Yo soy la mejor prueba.

SR. NEGRERO ¿Y los demás?

TRIVELÍN Están ocupados en otros menesteres. De buena gana hubieran venido a recibirlo si hubieran podido.

SR. NEGRERO Por mí, sobra el cumplido. Mejor será que vengan a despedirme. Estaré encantado de decirles adiós.

TRIVELÍN No corra tanto. Tómeselo con calma. (*Al público.*) Por causa de fuerza mayor, tampoco vendrán. Si no tenemos dinero para decorados, menos lo hay para contratar figurantes.

SR. NEGRERO ¿Me está diciendo que tardará mucho en tener listo el avión?

TRIVELÍN No depende de mí.

SR. NEGRERO ¿De quién, si puede saberse?

TRIVELÍN De usted.

SR. NEGRERO   ¿De mí?

TRIVELÍN   De usted. No tardará en saber por qué.

SR. NEGRERO   Me da el pálpito de que aquí hay gato ence-
rrado, de que he sido víctima de un engaño.

TRIVELÍN   No tenía otro remedio para traerlo aquí.

SR. NEGRERO   ¿Lo reconoce, entonces?

TRIVELÍN   Negarlo sería mentir. De otra forma no hubiera conseguido que estuviera aquí para
participar en el juego que está a punto de
empezar.

SR. NEGRERO   La cosa va de juegos. ¡Qué bien! Para jue-
guecitos estoy yo. (*A* PRISCO.) ¡Tú lo sabías,
truhán! Estabas en el ajo.

PRISCO   Yo estoy donde usted me dice que esté y
hago lo que usted me manda. En esta ex-
cursión he sido más paquete que viajero.

TRIVELÍN   Prisco es ajeno a la celada. Todo lo he ur-
dido yo.

SR. NEGRERO   En vano. Sin jugadores no hay juego y yo,
señor mío, no estoy nada predispuesto a
ocupar el sitio que me tiene reservado. Si
no quiere que se quede vacío, puede ce-
dérselo a mi criado. Tiene mi permiso. Tal
vez esté por la labor.

TRIVELÍN   Ya contaba con él.

PRISCO   ¿Conmigo? ¡Albricias! ¿De qué va el jue-
              go? ¿De reírse?

SR. NEGRERO   ¿Piensa en serio que yo voy a compartir algo
              con este botarate? ¡Todavía hay clases!

TRIVELÍN   Mucho orgullo tiene, señor Negrero. De-
              bería avergonzarse. Ganará bastante cuan-
              do lo rebaje. Verá cómo se siente mejor
              siendo más humilde, generoso y humano.

SR. NEGRERO   Le aseguro que no me sentiría contento si
              perdiera alguno de mis privilegios.

PRISCO   Entre sus privilegios está tratarme como
              a un esclavo. Es injusto conmigo y me
              maltrata.

SR. NEGRERO   ¡Canalla! (*Lo persigue.*) ¡No corras!

TRIVELÍN   ¡Téngase, señor Negrero!

SR. NEGRERO   ¡Voy a matarlo!

PRISCO   ¡Ayuda! Lo dice en serio.

TRIVELÍN   Tranquilo, Prisco. Estás bajo mi protección.
              Señor Negrero, lo que acaba de pasar me
              confirma que no es conveniente demo-
              rarnos más. Usted es un déspota y un so-
              berbio. He de conseguir que, a través del

juego, que implica, lo reconozco, cierto sufrimiento, se haga más sensato.

SR. NEGRERO ¡Ja! ¡A mí con sermones! ¿Va de sermones el juego?

TRIVELÍN Va de corregir defectos.

SR. NEGRERO Extraño juego. No he oído hablar de él. ¿Es de azar o de ingenio? ¿Se juega con dados o con cartas?

TRIVELÍN Ni con dados ni con cartas. Se trata de un experimento social. Todo se reduce a un intercambio de papeles.

SR. NEGRERO Explíquemelo, que no lo entiendo.

TRIVELÍN Es tan sencillo como que Prisco hará de usted y, usted, de Prisco.

PRISCO ¡Qué bien pensado está eso!

TRIVELÍN No es más que el principio de la terapia.

SR. NEGRERO Supongo que está de broma. ¡Yo su criado!

TRIVELÍN Él lo ha sido de usted.

SR. NEGRERO ¡Sigue siéndolo! ¡Y lo será *in sécula seculórum*!

PRISCO No por mi gusto.

SR. NEGRERO   Ni por el mío voy a serlo de ti.

TRIVELÍN   Ya sé que no es por su gusto. Las reglas las fijo yo.

SR. NEGRERO   Usted no va a imponerme nada.

TRIVELÍN   Vamos, señor Negrero. No perdamos más tiempo. El intercambio de papeles, exige que cambien sus ropas. Dele a Prisco su sahariana y él le dará su blusón.

SR. NEGRERO   ¡Está verdaderamente loco!

PRISCO   (*Se despoja a toda prisa del blusón.*) ¡Eh, jefe, no se haga el remolón!

SR. NEGRERO   ¡No puedo soportar tanto dislate!

TRIVELÍN   Le aconsejo que acepte de buen grado lo que le voy diciendo. Cuanto antes empecemos, antes llegaremos al final. Usted, curado de su mal, será un hombre nuevo. Recuperará sus pertenencias y yo le daré el combustible necesario para regresar a su hacienda sin mayores contratiempos. En cuanto a Prisco, será libre y, por tanto, ciudadano.

SR. NEGRERO   ¡El chantaje del combustible! Debí suponerlo.

TRIVELÍN	Reconozca que no tiene margen de opción. Asúmalo y nuestro negocio irá como la seda.
SR. NEGRERO	Conmigo, ha pinchado en hueso. No pienso claudicar.
PRISCO	No sé por qué se resiste a hacer el trueque si yo no voy a tratarlo peor que usted a mí. ¿Qué teme? Aunque todo me esté permitido, me limitaré a darle solo algún bastonazo y unas cuantas collejas. Si con eso no se le bajan los humos, la que le espera es chica. Podría matarlo…
TRIVELÍN	¡Eso nunca, Prisco!
PRISCO	Él lo hubiera hecho conmigo sin que le remordiera la conciencia. No lo ha hecho porque vivo le soy más útil. Pero descuide. No lo mataré, aunque ha cosechado méritos para ello. Lo que a cambio le espera… (*Titubea.*) Soy capaz de cualquier cosa. No sé todavía de cuál, pero no le arriendo la ganancia.
SR. NEGRERO	¡A merced de quién estoy! Lo que se propone es tan disparatado como si, en un hospital, los médicos se pusieran en manos de los pacientes y, los pacientes, diagnosticaran las enfermedades de los médicos. ¡El mundo al revés!

TRIVELÍN	No tome el rábano por las hojas. El ejemplo no viene al caso.
PRISCO	Yo le daré la medicina que le conviene, Señor Negrero: purgas y sangrías a tutiplén y todas gratis. ¿Puede haber salud a mejor precio? Por lo demás, le haré todo el daño que pueda, aunque, si es dócil, un poco menos.
SR. NEGRERO	¡Vaya consuelo!
PRISCO	¿Qué espera? ¿Qué sea amable? ¡No se lo merece! Lo que se merece es mucho palo y tente tieso. ¡Eso tendrá! Y alguna otra sorpresa desagradable que desvelaré cuando se me ocurra y lo crea oportuno. Para que se vaya haciendo a la idea, sepa que le tendré condenado a trabajos forzados ocho días a la semana y que ninguno será más llevadero que los que le fueron encomendados a Hércules.
TRIVELÍN	Querido Prisco, estás irritado y lleno de resentimiento por su crueldad y por sus ultrajes, pero ten en cuenta que en este juego no caben el rencor ni la venganza, que lo que se pretende es expulsar la barbarie de su corazón y volverlo más sensible.
PRISCO	Entendido. Si en algo lo ofendo, le pediré perdón.

TRIVELÍN   Ya ve, señor Negrero, que Prisco es razonable. No tiene mala intención.

PRISCO   Tan solo soy un poco travieso. ¡Qué le vamos a hacer!

TRIVELÍN   Mi consejo es que afronte su situación con ánimo constructivo y que, en lugar de poner palos en las ruedas, trabaje para que llene de combustible el depósito del avión. Yo estaré encantado de proporcionárselo, pues será la mejor señal de que el proceso ha llegado a feliz término.

SR. NEGRERO Cedo obligado a la extorsión, pero dudo que este saco de ignorancia sirva para algo distinto que obedecer. Hay quienes nacemos para mandar y quienes lo hacen para ser mandados. Lo llevamos en los genes.

PRISCO   ¡Mira este! Yo le demostraré que, para mandar, no hace falta ser sabio.

SR. NEGRERO No sabes lo que dices. (*Trascendental.*) Señor, aparta de mí este cáliz y dame fuerza para soportar tan grotesca farsa. (*Con el dolor de quien se ve despojado de sus títulos y reducido a la nada, desabrocha con provocadora lentitud los botones de la sahariana y se desprende de ella como si le estuvieran arrancando la piel a tiras, hecho lo cual la arroja al suelo.*) Ahí tienes tu trofeo de caza.

PRISCO   (*Le ofrece su prenda.*) El blusón.

SR. NEGRERO   Puedo pasar sin él.

TRIVELÍN   (*Lo recrimina.*) Señor Negrero…

SR. NEGRERO   Está sudado. Apesta.

TRIVELÍN   Estoy perdiendo la paciencia. ¡Digo que se lo ponga! (*El* SEÑOR NEGRERO *toma el blusón a regañadientes y, antes de ponérselo, lo mira del derecho y del revés unas cuantas veces.* PRISCO, *en cambio, tarda bastante menos en lucir su nueva indumentaria. En un santiamén recoge la sahariana del suelo y se adorna con ella.*) Amigos míos, ha acabado la cuenta atrás. Los dejo.

PRISCO   (*Alarmado.*) ¿Se va y me deja? ¿Quién me protegerá de la ira del señor Negrero?

TRIVELÍN   Por la cuenta que le trae, no romperá las reglas del juego. (*Al* SEÑOR NEGRERO.) ¿Verdad que no?

                  (*El* SEÑOR NEGRERO *responde con un gruñido.*)

PRISCO   ¿Qué ha dicho? No le he entendido.

TRIVELÍN   Que las conoce y respetará.

PRISCO   Eso espero. Una cosa más. ¿Regresará pronto?

TRIVELÍN   Ni ante ni después del momento justo.

PRISCO   ¿Horas, días, semanas, meses…?

TRIVELÍN   Más o menos.

(Sale TRIVELÍN. *El* SEÑOR NEGRERO *y* PRISCO *se miran. El primero lo hace con odio. El segundo, con mirada esquiva, como si no las tuviera todas consigo. Es evidente que se siente apabullado. Los dos guardan silencio.* PRISCO *hace ademán de romperlo, pero no acaba de decidirse. Consternado, avanza unos pasos hacia el proscenio y dirige a la sala un gesto de impotencia como si pidiera árnica.)*

PRISCO   Ahora que mando yo, ¿qué he de hacer? ¿Cómo tengo que comportarme? ¿Tengo que imitar lo que él hacía cuando me tenía bajo su bota? ¿Tengo que pavonearme como si fuera alguien? *(Se contonea con ridícula ostentación.)* Pareceré tan payaso como él. Puedo ordenarle que esté alegre y deje de mirarme así. Yo puedo, pero ¿qué pasaría si no me hiciera caso? Reprenderle, claro. ¿Cuántas veces, eh? ¿Cuántas? ¿Una docena? ¿Y si aún así, continúa desobedeciéndome? Entonces, ¿qué? Mejor le mando que haga algo, lo primero que se me ocurra. ¿Y yo, qué? ¿Qué hago yo mientras tanto? Lo sé de sobra: aburrirme como una ostra. ¿Cómo disfruta uno de la vida? ¿Cuál es la receta? *(El* SEÑOR NEGRERO *se aleja de puntillas hacia un lateral del escenario. El grito de un espectador alerta a* PRISCO.) ¡Ah, bribón! ¿Intentaba escapar?

SR. NEGRERO   Ahí te quedas. Pero no me sigas. Reniego de ti. No soporto tu compañía. No te creía capaz de tantas indignidades. ¡Ya no soy tu jefe!

PRISCO   Claro que no. Ahora el jefe soy yo.

SR. NEGRERO   ¡Nunca!

PRISCO   Vaya que sí. Lo ha decidido el señor Trivelín.

SR. NEGRERO   ¡Valiente tipo! Escucha, Prisco, aprovechando que se ha ido, deshagamos este entuerto y pongamos las cosas en su sitio. Yo te doy tu blusón y hasta estoy dispuesto a comprarte otro para que tengas ropa de quita y pon. Y tú me devuelves la sahariana.

PRISCO   Para seguir haciendo lo de siempre. Para tratarme mal sin motivo. Es la verdad. Reconózcalo.

SR. NEGRERO   De alguna forma tenía que castigar tu mala conducta.

PRISCO   ¿Quién castigaba la suya? ¡Nadie!

SR. NEGRERO   ¡Ingrato! Si algún capón te he dado, ha sido por tu bien.

PRISCO	¡Vaya! Ahora me entero de lo mucho que hacía por mí. Hay amores que matan.
SR. NEGRERO	¿También has olvidado las recompensas que has recibido?
PRISCO	De esas no me acuerdo.
SR. NEGRERO	Prisco, haya paz entre nosotros y después gloria.
PRISCO	Eso me suena a borrón y cuenta nueva. ¿Sabe lo que le digo? Que el juego no es así. A partir de ahora me tratarás de usted y tú ya no serás el señor Negrero, ni siquiera Negrero a secas. Tus nuevos nombres serán Vago, Mentecato, Impertinente, Haragán, Cimarrón, Imbécil, Cernícalo, Ridículo, Bruto, Cafre, Lerdo, Palurdo, Fisgón, Bastardo, Pelele, Tuercebotas, Hijo de Satanás, Ignorante, Sinvergüenza, Insolente, Ingrato, Descastado, Truhán, Botarate… Aquí lo dejo. Tiempo tendré para ampliar el santoral. En cuanto a mí, seré el señor Prisco. y cuando me acompañes a alguna parte, camina diez pasos por detrás de mí. A diez no, mejor a quince.
NEGRERO	¿Qué estoy oyendo? ¡Me muero!
SR. PRISCO	Te prohíbo morir por malicia. Si es por enfermedad, pase.

NEGRERO   Dios te castigará.

SR. PRISCO   Con menos rigor que lo hacías tú. Ya va siendo hora de que lo compruebes por ti mismo, así que se acabó la parlanchinería. ¡Manos a la obra, vago de siete suelas!

NEGRERO   ¡Respétame, mal nacido!

SR. PRISCO   Hemos quedado en que soy el señor Prisco y en que me tratarás de usted. Lo primero que dispongo es que me traigas una silla para rascarme la barriga cómodamente sentado mientras tu doblas el espinazo.

NEGRERO   No veo ninguna silla.

SR. PRISCO   La buscas y, si no la encuentras, la inventas. (NEGRERO *sale y al punto regresa con una silla plegable con asiento de lona.*) ¡Mentecato! ¿A eso llamas silla? El suelo es mejor asiento. ¡Fuera! (NEGRERO *repite el viaje y regresa arrastrando una silla de anea desvencijada.*) ¿Te burlas de mí? ¿De qué almacén de muebles viejos has sacado esos cuatro palos mal clavados? Lo que estoy pidiendo, cernícalo, es una poltrona como la que tienes en tu casa. (NEGRERO *se ausenta de nuevo y su tercer regreso lo hace portando un confortable sillón de orejas. El* SEÑOR PRISCO *muestra una amplia sonrisa y se arrellana en el asiento.*) Ya ves, botarate, que yo también sé repanchingarme. (*Hace un aparte.*) El bastardo se ha quedado de una pieza. Esto funciona.

(*Testigo del episodio de las sillas ha sido TRI-VELÍN, que se ha instalado discretamente en una atalaya desde la que domina el escenario. Por descontado, la atalaya no es torre de fábrica ni de madera. Tampoco una eminencia del terreno. La atalaya es una escalera de tijera traída por el propio TRIVELÍN, a la que se ha encaramado para seguir paso a paso los acontecimientos. Como se supone que, para ver sin ser visto, la ha plantado lejos, no debe llamar la atención que use prismáticos.*)

Escena 4
Donde las dan las toman.

Sentado en el sillón, el Señor Prisco, *puro en boca, sigue con la mirada las entradas y salidas de* Negrero *del escenario portando fardos, cuyo tamaño crece en cada viaje. Poco acostumbrado a tales menesteres, se diría que va a derrumbarse de un momento a otro.*

Sr. Prisco   Sigue, sigue, cimarrón, que así sudaba y resoplaba yo.

Negrero   Estoy molido.

Sr. Prisco   De no dar un palo al agua, tuercebotas. A palos voy a molerte si no espabilas.

Negrero   ¡No puedo más!

Sr. Prisco   ¡Puedes!

Negrero   ¿Qué quiere hacer conmigo?

Sr. Prisco   Darte un escarmiento y corregirte. Es por tu bien.

Negrero   ¿No hay otro castigo menos humillante y más llevadero?

SR. PRISCO   El trabajo no menoscaba la dignidad, aunque de ella andas escaso. Y en lo de llevadero, vas listo, truhán. Lo que pretendes es escurrir el bulto. Pues va a salirte el tiro por la culata. Para cuando acabes lo que estás haciendo, te tengo preparadas otras faenas la mar de provechosas.

NEGRERO   Ninguna de las que llevo hechas, lo es.

SR. PRISCO   Lo son si a mí me lo parece. Punto en boca. No se hable más. ¡Al tajo, haragán! (*Bajo la mirada implacable del* SEÑOR PRISCO, *vuelve* NEGRERO *a trajinar fardos. Desde su atalaya,* TRIVELÍN *sigue los acontecimientos. Según le guste o no lo que sucede, sonríe o frunce el ceño.*) Me da el tufo de que, para tus adentros, me estás poniendo a caldo, lo que no me gusta nada.

NEGRERO   No tengo ánimo para pensar mal de nadie.

SR. PRISCO   Por si mientes, bastardo, voy a atiborrarte la cabeza de encargos. Para empezar, ve sacando a cubos agua del mar.

NEGRERO   ¿Qué disparate es ese?

SR. PRISCO   No mayor que llenar y vaciar estanques para nada.

NEGRERO   ¡Ay! Esa música me suena. También me pedirá que le dé lustre a las botas, que encienda la caldera, que apague las estrellas cuando amanezca y, si se le antoja, que barra la playa de una punta a otra. Y luego dirá que todo lo quiere para ayer.

SR. PRISCO   Ni más ni menos.

NEGRERO   ¿Quedaré libre si hago lo que me manda?

SR. PRISCO   Ni lo sueñes, pelele. Tu calvario va para largo. Aunque lo hagas y lo hagas bien, no te librarás de unos cuantos puntapiés en las posaderas. Con esa moneda me pagabas tú y yo te la devolveré multiplicada por diez.

TRIVELÍN   (*Se lleva las manos a la cabeza.*) ¿Qué maneras son esas? Prisco ha hecho suyas las malas costumbres de su jefe. Ahora es él quién necesita recibir lecciones. ¿Tendré que reconocer que me he equivocado?

SR. PRISCO   Deja eso y ven acá.

TRIVELÍN   Le ordena que se acerque. Veamos para qué.

SR. PRISCO   Me da el olfato que en esta isla hay muchas liebres. Salimos de caza. Yo tiro a la presa y tú, como buen lebrel, vas a por ella y me la traes.

NEGRERO   No puede tratarme como a un perro.

SR. PRISCO   Sí, puesto que lo hago, y lo hago porque puedo. ¿Tenías tú mejores argumentos para hacer lo mismo? No sé si me explico. Yo te bautizo Fisgón. ¡En guardia, Fisgón! (*El Se-ñor Prisco se pone de pie en el sillón y, adoptando la postura del cazador, dispara con una escopeta imaginaria.*) ¡Ya tenías que estar de vuelta con la pieza! (*Lo apunta.*) ¡Vuela o te dejo el cuerpo como un colador!

    (NEGRERO *se aleja corriendo a cuatro patas.*)

TRIVELÍN   ¡Que espectáculo! ¡Hay cosas que no pueden mostrarse en un escenario! ¡Sobra esta escena! ¡Pasemos a otra! (*Hace señales al técnico de luces.*) ¿No me ha oído, eléctrico?

TÉCNICO DE LUCES   (*Voz en off.*) ¿Qué quiere que haga?

TRIVELÍN   Rebobine las escenas como si fuera una película.

TÉCNICO DE LUCES   (*Voz en off.*) ¡A la orden!

    (*Dicho y hecho. Las luces se encienden y se apagan provocando la sensación de que la acción se desarrolla a toda velocidad y de forma discontinua. Los efímeros destellos muestran fragmentos de lo que sucede. Y lo que sucede es que durante algunos instantes continúa la jornada de caza con abundancia de tiros y ladridos. Siguen luego una escena*

en la que NEGRERO, *cual oso de feria, baila;
y acto seguido, un paseo ecuestre del* SEÑOR
PRISCO *a lomos de* NEGRERO, *que empieza al
paso y acaba, a golpe de espuelas y fusta, en
desenfrenada galopada. Gime* NEGRERO *y se
ríe el* SEÑOR PRISCO. *De pronto el* SEÑOR PRIS-
CO *enmudece y la voz lastimera de* NEGRERO
*se sosiega y se apaga. Con el silencio, cesa el
movimiento de las figuras.)*

TRIVELÍN   ¿Qué silencio es este? ¿Vuelven las aguas
a su cauce? ¿A qué estoy esperando para
salir de dudas? Eléctrico: arroje luz sobre
la playa.

TÉCNICO DE LUCES   *(Voz en off.)* ¡Oído! *(El escenario se
ilumina.)* ¿Así o le echo más vatios? *(Ante
la falta de respuesta.)* En esos me quedo,
pues.

(TRIVELÍN *se rasca la cabeza viendo como el*
SEÑOR PRISCO *hace lo propio con la suya mientras su mirada va y viene del sillón a* NE-
GRERO, *quien yace, después de la cabalgada,
maltrecho y derrengado al otro extremo del
escenario.)*

Escena 5

Un corazón con freno y marcha atrás.

El Señor Prisco *tuerce el gesto.*

Sr. Prisco ¡No, no, no y no! (*Da vueltas alrededor del sillón lanzándole miradas de desprecio. De pronto, se para en seco.*) ¿Para qué lo quiero si me canso de estar sentado? (*Voltea el sillón y lo pone patas arriba. Da la sensación de que se ha quitado un peso de encima. Un lamento a lo Segismundo, es decir, como lanzado por un galeote en pena, salido de lo más hondo de* Negrero, *reclama su atención. Con paso decidido se le acerca y lo espeta a la cara.*) Nunca has sabido comportarte conmigo. No le he inspirado lástima ni cualquier otro sentimiento de los que poseen las personas decentes. Al contrario, se mofaba de mí, me despreciaba, se comportaba con altivez, me maltrataba, me miraba como si yo fuera un gusano… Debería caérsele la cara de vergüenza. Yo no quiero ser como usted. No quiero estar a su misma altura. Me siento incapaz de ser feliz a su costa. No pienso hacerle cambiar y menos a base de insultos y palos. Los que le he propinado, tendrá que perdonármelos como yo le perdono los que llevo recibidos. Lo hecho, hecho está. No volveré a comportarme como lo he hecho y, si usted vuelve a las andadas, será cosa suya. De aquí en adelante, yo a lo mío y usted a lo que le venga en gana.

NEGRERO   ¿Soy libre?

SR. PRISCO   Sí.

NEGRERO   ¿Sin pedirme nada a cambio?

SR. PRISCO   Nuestras cuentas están saldadas. Por mí, estamos en paz.

NEGRERO   ¡Qué gran corazón! ¿Puedo tutearte como antes?

SR. PRISCO   Y hasta dejar de llamarme señor. El título me viene grande.

(A TRIVELÍN *se le dibuja una sonrisa de oreja a oreja.*)

NEGRERO   ¡Qué actitud la tuya! Emociona tanta generosidad. Eres un buen tipo. Qué ejemplo para mí. Ojalá tenga ocasión de poder demostrar sentimientos como los que manifiestas.

PRISCO   Por mí, queda excusado. Si me ha hecho sufrir, tanto peor para usted. Yo no quiero tener que reprocharme lo mismo.

NEGRERO   Sigues dándome lecciones.

PRISCO   Solo quiero ser una persona de bien.

             (PRISCO *se desabrocha la sahariana.*)

NEGRERO   ¿Qué haces, mi querido amigo?

PRISCO   También me estorba esta prenda. Se la de-
             vuelvo.

NEGRERO   La acepto por no hacerte el feo.

PRISCO   Si no le importa, me guastaría recuperar mi
             blusón.

NEGRERO   Créeme que hago el cambio con pesar. Aun-
             que te parezca una tontería, me he acos-
             tumbrado a él. Pero así sea si esa es tu vo-
             luntad. (*Vuelven a vestir sus primitivas ropas
             y a reconocerse como eran.*) ¡Un abrazo! Ol-
             vida que fuiste mi criado. ¡Qué digo criado!
             ¡Esclavo! Olvídalo y yo recordaré siempre
             que no he merecido ser tu señor.

TRIVELÍN   Pero qué veo. ¡Se abrazan!

PRISCO   A pesar de todo, le echaré de menos.

NEGRERO   ¿Cómo? ¿No vienes a casa?

PRISCO   Me quedo aquí.

NEGRERO   ¿Qué harás?

PRISCO   Me apañaré con lo que la suerte me depare, aunque sea poco.

NEGRERO   No voy a consentirlo. Regresaremos juntos y compartirás conmigo todos los bienes que poseo.

PRISCO   Con pocos me conformo. Soy persona modesta. No aspiro a ser rico ni a vivir en una casa con más habitaciones de las que necesito. No quiero ser ni tener más que el común de los mortales.

NEGRERO   Haces bien, que tener mucho acaba siendo una pesada carga.

PRISCO   A mí me sobra y me basta con que el servicio que le doy no me sea recompensado con insultos, burlas ni con la vara de medir espaldas. Reclamo un trato afable.

NEGRERO   Lo tendrás. Prometido queda. Te devolveré tus papeles y, si no cumplo, serás libre de irte cuando quieras.

PRISCO   Seremos como amigos.

NEGRERO   Otro abrazo, Prisco.

TRIVELÍN Con este, van dos. Y el segundo es más fuerte que el primero. Si no lo veo, no lo creo.

(*Se rasca de nuevo la cabeza.*) Sería admirable si yo no tuviera la mosca detrás de la oreja.

NEGRERO Al final de los finales, hemos firmado la paz. La virtud lo ha arreglado todo. Solo nos falta salir de aquí. Confiemos en que Trivelín cumpla su palabra.

TRIVELÍN Lo que sin duda voy a hacer, pues a eso estoy comprometido.

PRISCO Ahí lo veo venir.

(*En efecto,* TRIVELÍN *ha descendido de la escalera y va hacia ellos.*)

TRIVELÍN Todo lo he visto y oído. El juego ha concluido y a punto está de hacerlo la comedia, pues comedia es lo que hemos ofrecido al público. Ahí fuera, entre bastidores, hay un bidón de combustible. Llévenlo al avión, llenen el depósito y emprendan en buena hora el viaje de regreso.

NEGRERO ¿A qué esperamos, Prisco? ¡Deprisa!

PRISCO Sí, señor Negrero.

(NEGRERO *y* PRISCO *salen de escena.*)

Escena 6
Final abierto.

TRIVELÍN   (*Al público.*) El juego de los esclavos fue
creado para tratar de resolver el eterno conflicto entre explotadores y explotados. Es
un conflicto tan viejo como el mundo. Se
inició cuando al hacerse el primer reparto
de los bienes de la tierra, unos cuantos tomaron más de lo que les correspondía y dejaron a los demás sin nada. Desde entonces,
la lucha por corregir la injusta situación ha
sido constante y, los finales, muchas veces
sangrientos y con frecuencia fallidos. Mucho me temo que al que aquí hemos llegado tampoco haya resulto nada. No sería
raro que Negrero volviera a las andadas y
el infeliz Prisco a su condición de paria. A
las pruebas me remito.

(*En efecto, el* SEÑOR NEGRERO *y* PRISCO *re-
gresan,* PRISCO *empujando un barril y el* SE-
ÑOR NEGRERO *dirigiendo la maniobra con
gestos autoritarios.*)

SR. NEGRERO   ¡Espabila, gandul! ¿Tan pronto has olvidado tus obligaciones? Ya veo que he de re-
cordártelas. Y a fe que lo haré. ¿Así me agra-
deces que no te deje abandonado a tu suerte en esta isla miserable y te lleve conmigo?

Mereces que te arroje al mar desde el aire y aún no estoy seguro de no hacerlo. (PRISCO *deja de empujar el barril y lanza una mirada desafiante al* SEÑOR NEGRERO.) ¿Qué es eso? ¿Me amenazas?

(*Con un gesto enérgico,* TRIVELÍN *paraliza la acción.*)

TRIVELÍN   Lo que ahora puede pasar es que, como la pescadilla que se muerde la cola, volvamos al principio. Vuelta a empezar, no. He fracasado. Lo reconozco. Yo pretendía convertir el mundo en un paraíso. Me hubiera conformado con arreglarlo un poco. Queda claro que es empeño que no está a mi alcance. Al vuestro, quién sabe. ¿Y si probáramos? ¿Qué tal si hago mutis por el foro y ocupáis mi sitio en el escenario? ¡Dicho y hecho! Vuestro es. Ahí se quedan mis dos compañeros. Harán lo que vosotros les digáis. (*Inicia la retirada.*) ¡Agur!

ACTOR
/PRISCO   Lo que viene…

TRIVELÍN   Es otra función, por supuesto.

ACTOR
/SR. NEGRERO   Que está por escribir.

TRIVELÍN   (*Señala al público.*) Es cosa de ellos.

(TRIVELÍN *se va definitivamente. Los otros dos actores se miran estupefactos.*)

ACTOR
/SR. NEGRERO (*Todavía en su papel.*) No irá muy lejos. Sin combustible, el avión no puede volar.

ACTOR
/PRISCO (*En el suyo. O no.*) Cierto.

(*Al instante, de fuera llega el ruido de un motor. El pasmo es mayor, si cabe.*)

TRIVELÍN (*Asoma la cabeza por un lateral.*) Yo no dije que el avión estuviera sin combustible. Le quedaba lo justo para despegar. Nada, dos gotas.

SR. NEGRERO Cuando se consuman… ¡zas!

TRIVELÍN Hace tiempo que se inventó el vuelo sin motor.

(*El motor ruge.*)

ACTOR
/PRISCO Se va.

(*Ruge un poco más, como si el avión estuviera despegando. Se aleja. Al fin, silencio.*)

ACTOR
/SR. NEGRERO Se ha ido.

ACTORES   (*Se sienta al borde del escenario, al unísono.*)
               Somos todo oídos.

               Fin.

Jerónimo López Mozo

la verdad de los sueños

Personajes

LAURA	joven española
POPOTE	barrendero
LECTIVO	profesor
CHAPETE	jefe de tramoya
TAMBA	joven senegalés
BELTRÁN	nombrador y poeta
GALI MATÍAS	gestor
CHISPA	bombero
RESU	enfermera

Jóvenes inmigrantes, un grupo de *skinheads*, el regidor del teatro, los tramoyistas y los utileros.

Mientras el público ocupa sus localidades, los utileros del teatro disponen en el escenario vacío algunos objetos propios de un restaurante autoservicio. Entre ellos, un par de mesas y varias sillas. En tales tareas los sorprende una joven un tanto desorientada que no sabe muy bien qué hacer. Sigue, al principio, con sus idas y venidas, luego pasea la mirada por aquel espacio que, sin duda, no le es familiar y, al cabo, repara en el patio de butacas y en la gente que entra. Antes de irse los utileros, uno de ellos pone en sus manos una bandeja con comida. Instantes después, hace acto de presencia el regidor. Tras verificar que todo está en orden, se dirige a la joven y, tras hacerle algunas indicaciones, la conduce al proscenio. Antes de desaparecer por un lateral, hace una señal a la cabina y, segundos después, las luces de la sala se apagan. La función empieza. LAURA –ese es el nombre de la joven, aunque el resto de los personajes tardarán en saberlo– es una colegiala. El autor podría describirla, pero prefiere que lo haga cada espectador. Espera a que cesen las toses del público y, tras un discreto carraspeo para aclarar la garganta, se dirige al público.

LAURA   Me llamo Laura. (*Muestra la bandeja.*) A ve-
         ces, como en el autoservicio. Suelo hacerlo
         cuando mis padres se van de viaje. Aquella
         vez me dejaron algo preparado para los cua-
         tro días que iban a estar fuera. Solo tenía que
         sacar las cosas del congelador y meterlas en
         el microondas. Allí se quedaron. Como casi
         siempre, me fui al autoservicio. Cogí una
         bandeja, puse en ella un plato de ensalada,
         en otro me sirvieron... (*Duda.*) Una ham-
         burguesa. (*Mira la bandeja para asegurarse.*)
         Eso es, una hamburguesa. Elegí una pieza de
         fruta. (*Camino de la mesa, sigue el recuento.*)
         Un yogur, el pan, un botellín de agua, el
         vaso, la servilleta... (*Toma asiento y se dis-
         pone a comer, pero echa de menos algo.*) No
         estaba todo. Faltaban los cubiertos. (*Se le-
         vanta.*) Fui a por ellos... (*Un joven negro en-
         tra en el local. Aparenta ser un par de años
         mayor que ella. A los espectadores, siempre a
         ellos.*) Yo no vi entrar a ese muchacho, pero
         el muchacho entró. Cuando regresé con los
         cubiertos estaba sentado en mi mesa. Esta-
         ba sentado en mi mesa la mar de tranquilo.
         (*El joven se ha sentado, en efecto.*) Quise ad-
         vertirle que aquel era mi sitio y aquella mi
         comida, pero antes de que tuviera tiempo,
         ya había empezado a dar buena cuenta de
         ella. Me quedé de piedra. Le miré. Me miró.
         Me sonrió. (*El joven va haciendo lo que ella
         cuenta.*) Me puse furiosa. Por dentro, furio-
         sa por dentro. Hay que tener morro. Si no
         tienes dinero para pagar la comida, me lo

cuentas y te doy para un bocadillo. Iba a decírselo, pero ¿y si lo que pasa es que el tipo no tiene una idea clara de lo que es la propiedad privada? Mientras tanto, él no paraba de engullir. Tenía que hacer algo práctico y lo más práctico era dejar de dar vueltas al asunto y ponerme a comer antes de que el tipo dejara los platos limpios como una patena. (LAURA *se dirige con paso decidido a la mesa y se sienta frente al joven. Dispone los cubiertos delante de la bandeja. Coge la cuchara y, tan pronto como él se lleva la suya a la boca, con la mayor naturalidad del mundo la introduce en el plato y la saca bien colmada. El joven sigue atentamente la acción de* LAURA *y, esbozando una sonrisa, a la que ella, malhumorada, no responde, toma una cucharada. Luego, empuja suavemente la bandeja para acercarla a* LAURA. *Van y vienen las cucharas hasta vaciar el plato. Las cambian por los tenedores y, sin concederse una tregua, emprenden un combate por la posesión de las mejores tajadas de carne del segundo plato. Cuando no queda ninguna, él moja pan en la salsa.* LAURA *lo observa con irritación. Él, que se da cuenta, reparte con ella el pan que queda. Rebañan el plato a dúo. Llegados al postre, el joven parte una manzana en dos trozos y se los muestra a ella para que elija.* LAURA, *a punto de estallar, coge el que le parece más grande y se lo come a mordiscos de manera compulsiva. Él, que todavía no ha hincado el diente a su ración, se la cede.* LAURA *la toma sin agradecer el gesto, pues, al fin y al cabo, le pertenece la fruta entera. Mientras da buena cuenta de ella, el joven se limpia la boca con la servilleta, se levanta, coge del suelo una bolsa de deportes, se despide con una amplia sonrisa y sale.* LAURA *escupe los restos de manzana que tiene en la boca y estalla. Se va hacia la puerta.*) ¡Adiós, negro de mierda! ¿Qué te crees, que aquí todo es de todos? ¡Pues no! Aquí funcionamos de otra manera: cada uno tiene lo suyo y, el que no tiene, que se busque la vida. Claro que para qué. Mientras haya tontas como yo, que, en vez de montar el pollo, se callan y tragan para que no las llamen racistas, esto es jauja. Cuéntales a tus amigos el festín que te has dado a mi costa. ¡Seré idiota! Me voy a enterar, por si no lo sabía, de lo que es el efecto llamada. Mañana me veo repartiendo la comida con una multitud de negros hambrientos. ¡Medio África al asalto de mi bandeja! ¡Ojalá se te atraganten las judías y la carne guisada te siente mal! ¿Las judías? ¿La carne guisada? (*Hace un gesto de sorpresa.*) ¿Judías? ¿Carne guisada? (*Retrocede y mira la bandeja.*) ¡Judías y carne guisada! Yo había cogido ensalada y hamburguesa. (*A los espectadores.*) ¡Y eso es lo que había en mi bandeja! Mi bandeja estaba intacta en la mesa de al lado. Intacta, esperando a que yo regresara con los cubiertos. El chico no se había zampado mi comida. ¡Yo le había quitado la suya! ¡Que vergüenza! (*Se cubre la cara con las manos.*)

¿Qué habrá pensado de mí? Que los españoles somos unos chiflados. O algo peor. Todo eso lo dije para mis adentros en menos de la mitad de tiempo que estoy tardando en contarlo. Salí del autoservicio con intención de alcanzarlo. Lo mínimo que podía hacer era pedirle perdón… y pagarle la mitad del menú. (LAURA *sale a la calle. Mira a un lado y a otro, pero el joven negro ya no está al alcance de su vista. Un barrendero la observa, mientras, con el máximo sigilo, los utileros desmantelan el escenario de la incruenta batalla.*) ¿Lo ha visto?

BARRENDERO   ¿A quién?

LAURA   A un chico negro.

BARRENDERO   ¿Subsahariano?

LAURA   No lo sé. Puede que sí.

BARRENDERO   ¿Lleva una sudadera con capucha?

LAURA   ¿Lo ha visto?

BARRENDERO   No me has contestado.

LAURA   ¿Sudadera? Sí.

BARRENDERO   ¿Con capucha?

LAURA   ¡Con capucha!

BARRENDERO   ¿Pantalones de chándal?

LAURA   (*Impaciente.*) Seguro que sí.

BARRENDERO   ¿Zapatillas deportivas?

LAURA   También.

BARRENDERO   Y una bolsa.

LAURA   ¡Eso es!

BARRENDERO   ¿En que mano? (LAURA *duda.*) ¿Derecha o izquierda?

LAURA   ¡No lo sé! ¿Qué más da?

BARRENDERO   ¿No recuerdas ningún otro detalle?

LAURA   Es un chico negro, subsahariano, creo, con una sudadera, pantalones de chándal, zapatillas deportivas, una bolsa…

BARRENDERO   Todo eso ya lo sabemos. No hace falta que lo repitas. ¿Ha salido del autoservicio?

LAURA   ¡¡Sí!!

BARRENDERO   No hay duda. Es él. (*Señala al frente.*) ¡Por allí! ¡Se ha ido por allí!

LAURA   ¡Gracias!

(LAURA *salta al patio de butacas y corre pasillo adelante. El* BARRENDERO, *desde el proscenio, sigue indicándole el camino.*)

BARRENDERO   ¡Todo recto! ¡A la derecha! ¡A la izquierda! ¡A la derecha! ¡A la izquierda! ¡No, a la izquierda no! ¡A la derecha tampoco! ¡De frente! ¡Adelante! ¡A babor! ¡A estribor! ¡Cuidado con el semáforo! (*Se tapa los ojos.*) ¡Cielo santo! (*Los abre.*) ¡Por detrás del seto! ¡Alto! ¡Te has pasado cuatro calles! ¡Marcha atrás! ¡Retrocede! ¡ Retrocede! ¡Ánimo! ¡No desfallezcas ahora! ¡Lo tienes al alcance de la mano! Cuando llegues a la rotonda… ¡Ya has llegado! ¡Da tres vueltas a la plaza en sentido contrario a las manecillas del reloj! No te preocupes por el tiempo que pierdas. Ya encontraremos un atajo para recuperarlo. ¡Ahí lo tenemos! ¡Cuélate por la boca del metro! ¡Bien hecho! Ahora sólo tienes que ir al andén adecuado. Es sencillo. Basta con que sigas las indicaciones al pie de la letra. Los pasillos están llenos de indicaciones. ¡Sal en la última parada! ¡Final de trayecto! ¡Suerte! ¡Suerte!

(*El* BARRENDERO *respira hondo. A su alrededor se hace el oscuro.*)

LAURA   (*Voz en off.*) ¿Dónde estoy? (*El ruido de los trenes que circulan por los túneles ahoga su voz. Cuando el escenario se ilumina de nuevo,* LAURA *repite la pregunta.*) ¿Dónde estoy?

(*Está en una plaza. Lo que* LAURA *ve son casas con las fachadas descoloridas y agrietadas, tiendas con rótulos en caracteres árabes y chinos, escaparates rotos, tapias decoradas por grafiteros anónimos y, por todas partes, frases rotuladas que resumen las fobias y ambiciones de sus autores. Aquí y allá, cubos de basura, carritos de supermercado repletos de bolsas rotas y papeleras ennegrecidas por el humo de las fogatas que se hacen en ellas. De las ramas de los pocos árboles plantados en alcorques regados por los meados de los vecinos y abonados con los excrementos de los perros, penden desperdicios arrojados por las ventanas. Es una plaza ruidosa. Una babel de voces forma un coro desafinado. Compite con él, el sonido de radios y televisores que se escapa por las ventanas de las casas y las puertas abiertas de los bares. La población juvenil multirracial distribuida en pandillas, se vigila desde los bancos e intercambia gestos provocativos. A* LAURA *le asusta el lugar y el ambiente. Mucho más, cuando las miradas de todos los chavales confluyen en ella. Busca la boca del metro por la que acaba de salir y no la encuentra.*) Había una estación de metro. ¿Dónde está?

(*Los muchachos se ríen.*)

MUCHACHOS (*Señala en varias direcciones.*) Allí, tam, eli, ni, efa, ali, mbe, ini, iwe, támo, we.

LAURA	(*Mira a todas partes.*) ¿Dónde? (*Gira como una peonza.*) ¡Voy a volverme loca! (*De pronto llama su atención un profesor, que cruza la plaza a toda prisa. Por su indumentaria y el paraguas que lleva colgado del brazo podría ser un agente de seguros, un empleado de banca o un ingeniero industrial. Pero no, es profesor. No es que* LAURA *sea adivina, sino que el propio personaje lo dirá enseguida.*) ¡Oiga!
PROFESOR	Lo siento…
LAURA	Es un momento. Solo quiero preguntarle…
PROFESOR	(*Mira la hora en el reloj.*) Se me hace tarde.
LAURA	¿Por qué tiene tanta prisa?
PROFESOR	No tengo tiempo de responderte. (*Se detiene bruscamente y se vuelve hacia* LAURA.) ¡Me voy!
LAURA	¿Se va?
PROFESOR	Me voy. Me voy. Huyo.
LAURA	¡Vaya!
PROFESOR	¿Sorprendida?
LAURA	Yo también quiero irme.

PROFESOR   ¿Quién te lo impide? (*Consulta de nuevo la hora.*) No, no me lo digas. Adiós.

LAURA   Pero…

PROFESOR   Mañana tengo que regresar.

LAURA   ¿Aquí?

PROFESOR   ¡Aquí!

LAURA   Acaba de decir que huye.

PROFESOR   Huyo hoy. Mañana vengo.

LAURA   ¿Por qué?

PROFESOR   Doy clases en el instituto.

LAURA   ¿Es profesor?

PROFESOR   Enseño matemáticas. Vengo cada día, explico cualquier cosa, me gano el sueldo y me voy a casa.

LAURA   ¿Vive muy lejos?

PROFESOR   Afortunadamente, sí.

LAURA   Me voy con usted.

PROFESOR   No puede ser. He perdido tanto tiempo atendiéndote, que ya no puedo irme. Llegaría a casa cuando ya debiera estar regresando al instituto.

LAURA   Lo lamento. De verdad que lo lamento.

PROFESOR   ¡Imagínate yo!

LAURA   ¿Dónde pasará la noche?

PROFESOR   En el laboratorio de algebra. (*Se dirige al lugar por el que ha llegado.*) Adiós.

LAURA   (*Le grita, pues ya está lejos.*) Que sitio tan raro para dormir.

PROFESOR   (*Sin detenerse.*) No conozco otro más seguro. Esto es territorio comanche.

LAURA   ¿Territorio qué?

PROFESOR   (*Ya muy lejos.*) ¡Comanche!

(*El profesor desaparece de la vista de* LAURA. *La pandilla de jóvenes parece haberse quedado dormida.* LAURA, *caminando de puntillas, intenta abandonar con discreción la plaza, pero apenas ha dado cinco pasos sucede algo con lo que no contaba: suena su móvil. Ella se sobresalta y los chicos salen de su fingido letargo.*)

LAURA   (*Mira la pantalla.*) ¡Papá! (*Responde a la llamada.*) ¿Habéis llegado ya? ¿Cuándo regresáis?... ¿Tanto?... Yo muy bien, muy mal, fatal. ¡Volved! Me han secuestrado… ¿Los secuestradores? ¿Qué secuestradores? He venido yo sola… No me han obligado a acompañarlos. Los secuestradores estaban aquí, esperándome. (*Los jóvenes abandonan los bancos.*) Los tengo delante. ¡Es muy difícil explicarlo, papá! ¡Tenéis que sacarme de aquí!… ¡No lo sé! ¡No sé dónde estoy! Primero fui por muchas calles, luego tomé el metro, pasaban las estaciones, muchas estaciones… ¡No podía leer los nombres! Tenía que ir muy atenta a los consejos que daban por los altavoces. Tengan cuidado de no introducir el pie entre coche y andén. Me gustaría saber cuántos cientos, miles de kilómetros de túneles he recorrido. Nunca acababa de llegar. Me parecía que ya habíamos dado por lo menos una vuelta al mundo. El mundo tiene… ¿Cuántos kilómetros tiene de circunferencia el mundo, papá?… ¿Tantos?… ¿A qué lugar del mundo he ido a parar? Si pudiera deciros la longitud y la latitud… Claro que puedo describir el sitio. Es una plaza que asusta. (*Los jóvenes no dejan títere con cabeza: sacuden los árboles, vacían los cubos de basura y golpean los cierres de las tiendas.*) Está viva, ya me entiendes… Esta es distinta. Hay basura colgada de los árboles. (*La basura y los papeles se desprenden de las ramas y caen sobre su cabeza.*) ¡Socorro! (*Intenta escapar, pero el cerco que forman los jóvenes a su alrededor se lo impide.*) ¡Por favor, papá, haz algo!

JÓVENES   (*Burlándose.*) Por favor, papá... Papá. Papaíto. Papá. Papaíto.

LAURA   ¡Quiero que me trague la tierra!

(*Los jóvenes levantan la tapa de una alcanta-
rilla.*)

UN JOVEN   (*La empuja.*) ¡Adelante!

LAURA   ¡No quiero! (LAURA y EL JOVEN *forcejean. Este
le arrebata el móvil.*) ¡El móvil, no!

UN JOVEN   Ahí dentro no tiene cobertura.

(*Lejos suena una sirena. Al grito de «humo»,
los jóvenes huyen. Todo queda en calma.* LAU-
RA *respira hondo, pero sigue inquieta. Con mucha precaución se asoma al agujero. Se inclina
tratando de ver el fondo.*)

LAURA   (*Para sí.*) Demasiado oscuro. A lo mejor es
tan profundo que no se acaba nunca. (*Coge
del suelo una lata vacía y la arroja al agujero, pero, en lugar de desaparecer en su inte-
rior, se queda arriba.* LAURA *no da crédito a lo
que ve. Con mucho tiento, pone la punta del
pie en el agujero y comprueba, con sorpresa,
que no es real, sino que está pintado en el suelo.*) Que cosas tan raras me están pasando.

(*Tan absorta está, que no advierte la llegada
del* BARRENDERO.)

BARRENDERO   ¿Es tuyo el agujero?

LAURA   Sí.

BARRENDERO   Pues tápalo.

LAURA   No, quise decir que no es mío. (*Lo reconoce.*) ¿Usted?

BARRENDERO   (*Ante tanta basura.*) ¿Qué ha pasado? Cualquiera diría que ha habido una merienda de negros.

LAURA   De negros y de todos los colores. Oiga. Quiero salir de aquí. ¿Puede indicarme el camino?

BARRENDERO   ¿Para salir de aquí o para entrar allí?

LAURA   Lo mismo da, ¿no?

BARRENDERO   Si saliste de allí y ahora quieres regresar, hazlo por donde viniste.

LAURA   He olvidado el camino.

BARRENDERO   Además, ¿por qué quieres salir? ¿Has encontrado a tu amigo?

LAURA   No es mi amigo.

BARRENDERO   ¿Qué más da lo que sea? Me refiero a ese chico negro de la sudadera con capucha y bla, bla, bla, bla. ¿Lo has encontrado o no?

LAURA   (*Abatida.*) No.

BARRENDERO   Pues antes de marcharte, búscalo, caray.

LAURA   Ya quisiera, pero no puedo.

BARRENDERO   ¿Acaso no te gusta la plaza?

LAURA   ¡Es horrible!

BARRENDERO   Pues la quitamos y asunto arreglado. Además, así me ahorro limpiarla.

LAURA   ¿Así de sencillo?

BARRENDERO   Esto lo desmontan Chapete y los tramoyistas en un periquete.

LAURA   ¿Quién es Chapete?

BARRENDERO   El jefe de montaje.

LAURA   ¿El jefe de…?

BARRENDERO   Montaje. El que hace y deshace en esta caja mágica. En otras palabras, el que viste y desnuda el escenario. Aquí lo tenemos.

               (*Entra* CHAPETE.)

CHAPETE   ¿Qué hay que hacer?

BARRENDERO   Una mutación rápida.

CHAPETE   En un santiamén. (*A una señal suya, acuden los tramoyistas y en un dos por tres desmontan el decorado.*) Listo. ¿Qué ponemos en su lugar?

LAURA   Por mí, está bien así.

BARRENDERO   No pensarás continuar con el escenario vacío.

LAURA   Es que… creo que no voy a quedarme. Me voy. (*Hace intención de marcharse.*) Adiós.

BARRENDERO   ¿Cómo que adiós? Ni hablar. Tienes una historia que contar. Te hemos cedido el teatro para que lo hagas. No puedes dejarnos con tres palmos de narices.

LAURA   (*Compungida.*) No merece la pena que siga. Es una historia sin final.

PROFESOR   (*Asoma por un lateral.*) ¿Sin final o sin final feliz?

LAURA   Sí, no, no sé, el caso es que, bueno…

BARRENDERO   (*Al profesor.*) Ella busca a un joven negro subsahariano…

PROFESOR   Y no lo encuentra.

LAURA   No exactamente…

PROFESOR   (*A* LAURA.) ¿Por qué no me lo dijiste cuando nos conocimos? Entre mis alumnos del instituto hay unos cuantos negros subsaharianos. Tienes donde escoger. Incluso puedes quedarte con todos. Digo más, con la clase entera. No tengo ningún inconveniente.

LAURA   La verdad es…

BARRENDERO   (*La deja con la palabra en la boca, al profesor.*) No es un negro subsahariano cualquiera. El que busca lleva una sudadera con capucha…

PROFESOR   ¿Lleva siempre la sudadera? ¿No tiene otra cosa que ponerse? (*A* LAURA.) ¿Por qué no pruebas a llenar la ciudad de anuncios diciendo que se busca joven negro subsahariano…?

LAURA   Es que… Verán, lo que quería decir es que lo encontré.

BARRENDERO   ¿Qué significa eso de que lo encontraste? Acabas de decirme que no diste con él.

LAURA   (*Muy, muy confusa.*) Lo encontré, pero, en realidad, es como si no. Quiero decir que yo estaba tal que aquí y él ahí…

PROFESOR   ¿Dónde?

LAURA	No me refiero a un sitio en concreto. (*Sin armar revuelo,* CHAPETE *y el personal a sus órdenes abandonan el escenario.*) Un día se me ocurrió que era posible que de vez en cuando acudiera al autoservicio. ¡Acerté! No a la primera, ni a la segunda… ¡A la décima fue la vencida! Allí estaba. Me vio entrar. Le sonreí. Pero él, cogió todo lo que pudo de su bandeja y se fue deprisa y corriendo. ¡Se creyó que le iba a quitar la comida de nuevo! En otra ocasión iba por la calle cuando lo vi en la acera de enfrente vendiendo discos. Crucé corriendo y de pronto empezaron a sonar silbatos y aquello se llenó de municipales. Los *top-manta* escaparon a la carrera. Un domingo lo tuve tan cerca que podía verlo y tan lejos que… estaba demasiado lejos para llamar su atención si no era a gritos.
BARRENDERO	Haberlo hecho.
LAURA	¿Cómo, si no sé su nombre? ¿Qué podía decir? ¡Oye, tú! ¡Eh, tío!
BARRENDERO	Está claro que sin conocer su nombre, no tienes nada que hacer.

(*Un espectador se levanta del asiento.*)

ESPECTADOR	Perdonen que les interrumpa. El barrendero está en lo cierto. El nombre es imprescindible. ¿Podemos ignorar como se llaman nuestros vecinos, nuestros compañeros,

nuestros amigos? Nos hemos habituado a andar por la vida como seres anónimos. (*A* Laura.) Tú, sin ir más lejos, no nos has dicho como te llamas.

LAURA   (*Cargada de razón.*) ¡Laura!

ESPECTADOR   Eso lo sabes tú. ¿Y los demás qué? En lo que va de función, no lo hemos oído ni una sola vez. (*Al público y a los demás personajes.*) ¿Lo han oído ustedes? (*Todos niegan con la cabeza.*) ¿Lo ves?

LAURA   (*Se disculpa.*) Figura en las acotaciones.

ESPECTADOR   ¿Dónde están las acotaciones? ¡En el libreto! ¿Insinúas que teníamos que haberlo leído antes de venir al teatro?

LAURA   También está en el programa de mano.

ESPECTADOR   ¡Buen sitio! (*De nuevo al público.*) ¿Alguien se ha fijado en lo que pone en el programa de mano? (*Se repiten los noes.*) ¡Nadie!

LAURA   Tiene razón. Debí decir mi nombre al principio.

ESPECTADOR   No es culpa tuya, sino del autor. Los autores importantes no olvidan esos detalles. Lo primero que hacen es decir como se llaman los personajes, por lo menos los principales. Romeo y Julieta, Sansón y Dalila, Hamlet y

Ofelia, Leoncio y Lena, don Juan y doña Inés, Calixto y Melibea…

BARRENDERO (*Lo interrumpe.*) Juan y Manuela.

PROFESOR (*Al* ESPECTADOR.) A propósito, ¿podemos saber quién es usted?, porque la verdad es que no se ha presentado.

ESPECTADOR Disculpen. Mi nombre es Beltrán. Soy poeta y nombrador.

LAURA ¿Nombrador?

BELTRÁN Creador de nombres.

LAURA ¿Creador de nombres?

BELTRÁN Eso es. Mi oficio consiste en buscar el nombre adecuado a cada cosa. Por ejemplo, alguien muy aficionado a la literatura quiere abrir una tienda de venta de velas y no se le ocurre qué nombre ponerle. Nunca se le ocurriría que el más adecuado a la actividad y a su interés por la lectura es «Novela».

BARRENDERO ¿Novela?

BELTRÁN No vela, novela.

PROFESOR No vela, novela. ¡Sorprendente!

BELTRÁN	(*Animado por el éxito.*) Imagínense un restaurante lo menos parecido a ese horrible autoservicio frecuentado por Laura, en el que es habitual confundir la bandeja de uno con la de los demás porque todas son iguales, imagínense, digo, un restaurante en el que su dueño hiciera todo lo posible para que los clientes se sintieran como en casa. ¿Cómo lo llamarían?
LAURA	¿Cómo?
BELTRÁN	«Casa prestada». ¿A alguno se le ocurre otro mejor?
PROFESOR	Desde luego que no.
BARRENDERO	¿También sabe bautizar? Quiero decir, poner nombre a las personas.
BELTRÁN	¿Hay algo más sencillo?
LAURA	¿Cómo llamaría al barrendero?
BELTRÁN	(*Sin dudarlo.*) Popote.
BARRENDERO	¡Así me llama mi mujer!
LAURA	¿Y al profesor?
BELTRÁN	(*Con la misma seguridad.*) Lectivo.
POPOTE	(*Al profesor.*) ¿Está de acuerdo?

Profesor	(*Compungido.*) Tengo que reconocer que mis alumnos, para burlarse, me han puesto ese apodo.
Laura	¿Se atrevería a decir como se llama el chico al que busco?
Popote	Sería estupendo saberlo, pero el señor Beltrán no puede responderte. ¡No lo conoce! Tú y yo somos los únicos que lo hemos visto.
Laura	¿Es imprescindible conocerlo? A los niños, cuando nacen, les ponen un nombre sin tener ni idea de como serán de mayores.
Lectivo	De este sabemos que es negro.
Popote	Subsahariano.
Lectivo	Negro como el tizón.
Laura	(*A* Beltrán.) ¿No es suficiente?
Beltrán	Silencio. Necesito concentrarme.
	(*Todos enmudecen.* Beltrán *se concentra y murmura palabras que ninguno logra entender.*)
Lectivo	A este hombre le va a dar algo.
Laura	(*Asustada.*) No se devane más los sesos.
Beltrán	Tengo seis consonantes y cinco vocales.

POPOTE   ¿No son demasiadas?

LECTIVO   Una sopa de letras muy espesa.

BELTRÁN   Solo tengo que ordenarlas correctamente.

CHAPETE   ¿Qué saldrá de todo esto?

BELTRÁN   (*Pronuncia repentinamente la palabra con la violencia con que un volcán escupe lo que tiene dentro.*) ¡¡¡Tambacounda!!!

LECTIVO   Tamba… ¿qué?

BELTRÁN   ¡Tambacounda!

LECTIVO   Algo largo, ¿no les parece?

POPOTE   ¿De dónde ha sacado ese palabro?

BELTRÁN   Lo encontré en un crucigrama. Si no les gusta, me lo quedo.

LAURA   Espere. (*Haciendo bocina con las manos, grita la palabra.*) ¡¡Tambacounda!! ¿Cómo suena?

POPOTE   Raro.

LECTIVO   (*A voz en cuello.*) ¡¡Tambacounda!!

POPOTE   Raro, raro…

(*Los gestos de escepticismo se suceden, pero, al tiempo, primero uno, después otro y, al cabo, todos, pronuncian, cada vez más alto, la palabra. El griterío del improvisado coro se extiende a los cuatro vientos. El joven negro, vestido como al principio y portando la misma bolsa, aparece al fondo del patio de butacas, avanza por el pasillo a toda prisa y sube al escenario.*)

LAURA   ¡Es él!

(*De nuevo se apagan las voces y todos miran al recién llegado con curiosidad.*)

LECTIVO   ¿Te llamas Tambacounda?

JOVEN NEGRO   No.

POPOTE   ¿Por qué has venido, pues?

JOVEN NEGRO   No lo sé. A lo mejor es porque mi pueblo está muy cerca de Tambacounda. Al oír ese nombre…

LECTIVO   ¿Cuál es el tuyo?

JOVEN NEGRO   (*Desconfiado.*) No tengo. Lo he olvidado.

LAURA   ¿Hay alguien que pueda olvidarse de cómo se llama?

JOVEN NEGRO   Yo, sí.

LAURA   ¡Qué mala memoria!

JOVEN NEGRO ¡Soy un estúpido! He caído en la trampa.

POPOTE   ¿De que trampa habla?

JOVEN NEGRO De la que me han tendido. ¿Qué van a hacer conmigo? ¡No quiero regresar a Tambacounda!

LECTIVO   Para empezar, ¿dónde está Tambacounda?

BELTRÁN   En Senegal.

LAURA   ¡Que lejos!

LECTIVO   ¿Está seguro?

BELTRÁN   Sí, si el crucigrama no mentía. Yo me fío de los crucigramas. Verticales, cinco: ciudad de Senegal. Once letras.

POPOTE   Tambacounda. (*Cuenta con los dedos.*) Once, ni una más, ni una menos.

JOVEN NEGRO Ya no está.

LECTIVO   ¿Que significa eso de que ya no está?

JOVEN NEGRO Tambacounda. La han quitado del mapa.

LECTIVO   ¿De qué mapa?

JOVEN NEGRO Del de Senegal.

LECTIVO ¿Estás insinuando que ya no existe?

JOVEN NEGRO Eso es.

LECTIVO Recelo que nos estás mintiendo. Y voy a averiguarlo. Escucha lo que voy a decirte, jovencito. Si te has propuesto tomarnos el pelo, por lo que a mí respecta lo llevas claro. Por más que lo intentes, no vas a volverme loco. Admito que la locura forma parte de nuestras vidas, pero siempre que sea una locura organizada. No soporto el caos. (*Inicia el mutis.*) ¡Un mapa de África! ¡Quiero ver un mapa de África!

(LECTIVO *sale hecho un basilisco. El joven humilla la cabeza y, resignado, junta las manos y las tiende.*)

JOVEN NEGRO Me rindo. Deténganme de una vez.

POPOTE ¿Para que quieres que te detengamos? Si alguien te persigue, no somos nosotros.

LAURA Soy yo la que te busca. Ellos solo me han ayudado a encontrarte.

POPOTE Conseguido lo cual, estamos de más aquí. De modo, que cada mochuelo a su olivo. (*A* BELTRÁN.) ¿No le parece?

(BELTRÁN *hace un gesto de conformidad y se sienta.* POPOTE, *por su parte, se mete entre cajas.*)

LAURA   ¿Te acuerdas de mí?

JOVEN NEGRO Me robaste la comida del plato.

LAURA   Llevo buscándote un montón de tiempo para…

JOVEN NEGRO Robármela otra vez. Lo intentaste, pero estuve listo. Te vi entrar en el restaurante y salí por pies.

LAURA   Iba a pedirte perdón.

JOVEN NEGRO ¡¿A mí?!

LAURA   ¿A quién, si no?

JOVEN NEGRO Nunca me ha pedido perdón nadie.

LAURA   ¿Soy la primera?

JOVEN NEGRO Sí, la primera.

LAURA   ¿Me perdonas? (*El joven asiente.*) ¡Qué peso me quitas de encima! ¿Puedo contarte lo que pasó con tu comida? (*Él se encoge de hombros.*) Me confundí de bandeja. Creí que era la mía.

JOVEN NEGRO ¿Por qué te confundiste?

LAURA Mi bandeja estaba en la mesa de al lado. ¿No me crees?

(*Sobre el escenario se proyecta la sombra de un policía municipal. A medida que lo recorre, se agiganta y se hace amenazante. Al cruzarse con la pareja, se detiene. Un escalofrío sacude el cuerpo del joven. Al cabo de unos segundos, que a él le parecen horas, la sombra reanuda su ronda y desaparece.*)

JOVEN NEGRO (*Nervioso.*) Tengo que irme.

LAURA ¿Así, de repente?

JOVEN NEGRO Me están esperando.

LAURA ¡Espera! ¿Volveremos a vernos? Podemos quedar para tomar algo.

JOVEN NEGRO Otro día.

LAURA ¿Mañana?

JOVEN NEGRO Mañana.

LAURA ¿Dónde?

JOVEN NEGRO ¿Aquí?

LAURA   (*Señala un banco inexistente.*) En ese ban-
                 co.

JOVEN NEGRO Bueno.

LAURA   Me llamo Laura. ¿Y tú?

JOVEN NEGRO Ya te he dicho que he olvidado mi nombre.
                 Llámame como quieras.

LAURA   ¿Te parece bien Tamba?

JOVEN NEGRO ¿Por qué Tamba?

LAURA   Tambacounda… Tamba.

TAMBA   ¿Tamba? Está bien Tamba.

                 (TAMBA *se va.* LAURA *lo sigue con la mirada.*)

LAURA   (*Agita la mano.*) ¡Adiós, Tamba!

                 (*Sin que nadie le de pie de entrada,* POPOTE
                 *accede al escenario. Aguarda a que concluya
                 el adiós de* LAURA, *más viendo que pudiera ha-
                 cerse eterno, la interrumpe.*)

POPOTE   Querida Laura, la despedida está resultan-
                 do un poco larga.

LAURA   Perdón. Se me ha ido el santo al cielo.

POPOTE   Lo que ahora toca es que hagas mutis.

LAURA   No puedo.

POPOTE   ¿Hay algo que lo impida?

LAURA   Estoy esperando a Tamba.

POPOTE   ¿Tan pronto? ¡Pero si acaba de irse!

LAURA   Hemos quedado aquí.

POPOTE   La cita es mañana. Hoy todavía no es ma-
             ñana. Mañana será otro día.

LAURA   ¿Tengo que esperar fuera?

POPOTE   (*Amable.*) Por favor.

LAURA   Si no hay otro remedio.

             (LAURA *se va algo contrariada. Al punto,* PO-
             POTE *reclama la presencia de* CHAPETE, *quién,
             por la celeridad con la que acude, debía estar
             cerca.*)

POPOTE   ¡Vía libre!

             (*Siguiendo las instrucciones de* CHAPETE, *los
             tramoyistas visten el escenario con un banco,
             un par de altísimas y esbeltas farolas, una jar-
             dinera con plantas y algún otro elemento que
             la convierten en una plaza rodeada de moder-
             nos rascacielos. En pleno ajetreo, aparecen co-
             rriendo los jóvenes que robaron el móvil de*

LAURA. *Se detienen bruscamente, dejan las bolsas que llevan en el suelo y respiran hondo.*)

JÓVENES   ¡Uf! ¡Qué sofoco! Todavía no ha empezado la escena. Hemos llegado por tablas. Tenemos tiempo de cambiarnos mientras esos terminan.

(*Sacan de las bolsas lo necesario para cambiar su aspecto. Casi al mismo tiempo que el decorado queda instalado, los jóvenes han culminado su metamorfosis. La pandilla multirracial se ha convertido en un grupo de «skinheads». PO-POTE, que no se ha percatado de la presencia de la tribu urbana, sale seguido de los operarios después de dar el visto bueno a su trabajo. Poco después llega* TAMBA. *Se dirige al banco y se sienta en lo alto del respaldo. Mira la hora. Espera. Los jóvenes violentos se aproximan sigilosamente al banco, le rodean y, de pronto, saltan sobre* TAMBA *y le apalean.* LAURA *irrumpe en la plaza en ese preciso momento. Sin pensarlo dos veces, arremete contra los «skinheads», saliendo despedida a considerable distancia. Intenta volver a la carga, pero los vándalos, consumada la agresión, se han esfumado. En el suelo, recostado en el banco,* TAMBA *está hecho un cristo. Tiene magulladuras por todas partes.*)

LAURA   ¿Cómo estás, Tamba?

TAMBA   Molido. (LAURA *saca un pañuelo para limpiarle una herida.*) ¿Qué haces?

LAURA   Tienes una brecha en la frente. Vamos a urgencias.

TAMBA   ¡¡No!!

LAURA   ¡Sí! Y luego, a la comisaría…

TAMBA   ¡Menos aún!

LAURA   ¿He dicho alguna tontería?

TAMBA   Dos.

LAURA   Tenemos que denunciar a esos salvajes.

TAMBA   ¡A nadie!

LAURA   ¿Por qué a nadie?

TAMBA   Porque no quiero. Los palos me los he llevado yo. Yo decido.

LAURA   Bonita explicación.

TAMBA   Además, me los he buscado.

LAURA   Ahora lo entiendo menos.

TAMBA   Esto me ha ocurrido por venir a verte.

LAURA   Habíamos quedado aquí.

TAMBA   No era el mejor sitio.

LAURA	Entonces, soy yo la culpable de la paliza que te han dado. (*Corta el intento de protesta de* TAMBA.) He decidido llevarte al hospital y denunciar a esos mamarrachos.
TAMBA	¡No iré!
LAURA	Claro que irás.
TAMBA	Me detendrán.
LAURA	¿A ti? ¡Qué manía con que todo el mundo quiere detenerte! ¿Quién puede estar interesado en detenerte? ¿Con qué motivo?
TAMBA	Para expulsarme de España.
LAURA	¡Acabáramos! Pero si no has hecho nada malo.
TAMBA	¡No tengo papeles!
	(*Al reclamo de la palabra papeles, hace acto de presencia un hombre con maletín de ejecutivo, pero con poca pinta de serlo, que se presenta como gestor de asuntos diversos.*)
GESTOR	¿Has dicho no sé qué de papeles? ¿He oído bien? Así que necesitas papeles y no los tienes. ¡A mi me sobran! Los tengo a cientos. Certificados, contratos, cuestionarios, diplomas, títulos, visados, actas notariales…

TAMBA   Lo que yo necesito…

GESTOR   Sin problema. Me presento. (*Al tiempo que muestra una tarjeta de visita, masculla un nombre del que sólo se entienden las últimas sílabas.*) Imatías, gestor.

LAURA   ¿Ha dicho?

GESTOR   Imatías, gestor de asuntos diversos.

LAURA   ¿Perdón?

GESTOR   Gali Matías. (*Señala el nombre en la tarjeta.*) Aquí lo pone. (*La vuelve a meter al bolsillo.*) Lo siento. Es la única que tengo. ¿Cuánto estás dispuesto a pagar por los papeles que precisa?

TAMBA   Cuatro…

GALI MATÍAS   ¡Ni hablar!

TAMBA   Es todo lo que tengo.

GALI MATÍAS   Una miseria.

LAURA   Yo puedo poner…

TAMBA   (*A* LAURA.) Eso sí que no. (*Al* GESTOR.) Se lo pagaré a plazos.

GALI MATÍAS   ¿Durante cuánto tiempo?

TAMBA   Depende del precio.

GALI MATÍAS   Y del sobreprecio. A plazos, cobro intereses. ¿Cómo te ganas la vida?

TAMBA   Hago de todo un poco.

GALI MATÍAS   Todo y poco, poco. Mucho y nada, nada.

TAMBA   Aparco coches, toco el yembe en los parques…

LAURA   ¿El yembe?

TAMBA   Es parecido a un tambor.

                (TAMBA *golpea con las manos el imaginario instrumento e imita con la boca su sonido.*)

GALI MATÍAS   Deja el concierto para luego. Continúa.

TAMBA   Hago chapuzas, vendo discos en la calle, paraguas cuando llueve, máscaras que hago yo, como esta…

                (TAMBA *saca de la bolsa una máscara de madera pintada con vivos colores.*)

LAURA   ¿De verdad la has hecho tú?

TAMBA   ¿Te gusta? ¡Es tuya!

GALI MATÍAS   ¡Valiente comerciante! Malvendes lo que tienes y, si nadie te lo compra, lo regalas. Así nunca reunirás el dinero para conseguir los papeles, ni saldrás de sota, caballo y rey. Pero has tenido la suerte de dar conmigo. Además de gestor, soy especialista en recursos humanos. Lo mismo tramito permisos de residencia que de trabajo.

LAURA   Es magnífico, Tamba.

TAMBA   Sí que lo es.

GALI MATÍAS   ¿Hablamos?

TAMBA   Adelante.

GALI MATÍAS   ¿Por dónde empezamos? (*Aclara la pregunta.*) ¿Trabajo y papeles o papeles y trabajo? ¿En que orden? (TAMBA *no sabe qué responder.*) Sin trabajo no hay papeles y sin papeles no hay trabajo.

TAMBA   Yo quiero tener papeles y conseguir un empleo.

GALI MATÍAS   ¡Todo al mismo tiempo! ¡Que impaciencia! Muchachito, creo que no me he explicado suficientemente. Te lo diré de otra manera. Yo podría proporcionarte un trabajo si tú tuvieras los papeles en regla. Como no los tienes, no puedo contratarte, si no te contrato, no puedo darte de alta, y si no te doy de alta…

LAURA   (*Creyendo entender.*) Luego lo primero son
               los papeles.

GALI MATÍAS   Más despacio. Para conseguirlos, tu amigo
               tiene que acreditar fehacientemente que ha
               trabajado y, si no ha trabajado, debería em-
               pezar a hacerlo cuanto antes. (*A* TAMBA.) ¿A
               qué esperas? Ya tienes edad.

TAMBA   (*Desconcertado.*) No puedo trabajar, puesto
               que sin papeles…

GALI MATÍAS   Los tendrás. Te haré un contrato.

TAMBA   ¿Cómo?

LAURA   Usted acaba de decir…

GALI MATÍAS   Lo dicho, dicho está. Pero lo dicho no im-
               pide decir lo contrario, si lo contrario está
               a nuestro alcance y es más conveniente.

LAURA   ¡Que lío!

GALI MATÍAS   Ninguno. Yo actúo a partir del sabio princi-
               pio de que, hecha la ley, hecha la trampa.

LAURA   ¿Ha dicho trampa?

GALI MATÍAS   ¿No te gusta la palabra?

LAURA   Nada.

GALI MATÍAS   Lo diré de otro modo. Hecha la ley, cumplámosla… a nuestra manera. ¿Qué tal ahora?

LAURA   No sé qué es peor.

GALI MATÍAS   Veamos que me respondes a esto: ¿qué fue antes, el huevo o la gallina?

LAURA   ¿Lo sabe usted?

GALI MATÍAS   No tengo la menor idea. Ni yo, ni nadie. Lo que significa que, puesto que todos lo ignoran, cualquier respuesta vale. En la vida, las cosas son blancas o negras. Pero nada impide que también puedan ser negras o blancas. ¿Me sigues?

LAURA   Esto no tiene ni pies ni cabeza.

GALI MATÍAS   Repetírtelo sería perder el tiempo. Contigo no vale la pena hablar. Eres un poco corta de entendederas. Lástima que, entre mis habilidades, no figure el estrujamiento de las meninges ajenas. (*A* TAMBA *antes de que* LAURA *consiga articular palabra.*) Así que vamos al grano si queremos llegar a alguna parte. Aplicando el caso del huevo y la gallina al de los papeles y el trabajo, y aprovechando que la legislación al respecto está llena de vacíos legales, elijamos lo que te conviene.

TAMBA   En su opinión, ¿qué es lo que me conviene?

GALI MATÍAS   Ponerte en mis manos.

TAMBA   (*Mira de reojo a* LAURA, *que escucha con el ceño fruncido.*) De acuerdo. ¿Y ahora?

GALI MATÍAS   ¡A trabajar! Veamos dónde puedo meterte. Abre la boca, enséñame los dientes, saca la lengua, levanta los brazos, una pierna, otra pierna… (*Mientras* TAMBA *sigue sus indicaciones.*) En el taller mecánico, en el desguace, de sube y baja, de camarero, en el lavadero de coches, de quita y pon, de limpiacristales… ¡Ya está! ¡En el almacén!

TAMBA   ¿Para hacer qué?

GALI MATÍAS   Cargar y descargar.

TAMBA   ¿Cuánto pagan por eso? (*No hay quién entienda lo que dice* GALI MATÍAS, *si es que ha dicho algo. Aguzando el oído.*) ¿Cuánto dice?

GALI MATÍAS   Esto, bien, veamos… Lo que has oído. Más o menos. Es lo establecido.

TAMBA   (*A* LAURA.) ¿Tú qué harías? (*Ella, evidentemente disgustada, no responde.*) Es mejor tener un trabajo y un contrato que vender discos en la acera o aparcar coches.

LAURA   ¿Sabes lo que te digo, Tamba?

TAMBA   ¿Qué?

LAURA   (*Arrepentida.*) Mejor me callo.

GALI MATÍAS   Una sabía decisión.

LAURA   Mejor lo digo.

GALI MATÍAS   ¡Vaya!

LAURA   (*Hace un aparte.*) Este tipo no es de fiar. Además, va a pagarte una miseria.

TAMBA   Nadie me había ofrecido tanto.

LAURA   Te echará cuando se le antoje…

TAMBA   No lo hará si cumplo con mi trabajo.

GALI MATÍAS   (*A* TAMBA.) ¿Te decides o no?

TAMBA   Un momento.

GALI MATÍAS   Imposible. Mi tiempo es oro. Agur.

               (GALI MATÍAS *se aleja.*)

TAMBA   No se vaya todavía. (*A* LAURA.) ¿Es que no lo entiendes? No quiero volver a Senegal. No quiero presentarme delante de mi madre y de mis hermanos para oírles: «¿qué haces aquí? Deberías estar en España. Para eso te dimos los setecientos francos que costaba el viaje».

LAURA   Tú sabrás que es lo que te conviene.

TAMBA   Yo no puedo elegir. Tengo que aprovechar esta oportunidad.

LAURA   ¿Entonces te vas con él?

TAMBA   (*Triste.*) Sí.

LAURA   Adiós, Tamba. Suerte.

TAMBA   ¡Eh! ¡Oiga! ¡Espere!

(TAMBA *corre tras los pasos de* GALI MATÍAS. LAURA *se sienta en el borde del banco y concentra toda su atención en la máscara. Tan abstraída está que no se da cuenta de que las sombras de los rascacielos dejan de proyectarse sobre el pavimento y de que los tramoyistas retiran las farolas, la jardinera y demás adornos de la plaza. Sólo cuando levantan el banco para llevárselo,* LAURA *reacciona y salta al suelo.* POPOTE *la observa desde un lateral.*)

LAURA   (*Mira a su alrededor.*) Otra vez en ningún sitio.

POPOTE   (*Se acerca.*) ¿Dónde te gustaría estar?

LAURA   Donde esté Tamba.

POPOTE   ¡Estabais juntos!

LAURA No tenía que haberlo dejado ire. Ya estoy arrepentida. No puede andar lejos. Si corro, lo alcanzo.

POPOTE No tengas tanta prisa. ¿Has pensado en el público?

LAURA ¿Qué pasa con él?

POPOTE Si te vas, no verá lo que sucede.

LAURA Pero si me quedo, no sucederá nada.

POPOTE ¿Quién lo ha dicho? Yo conozco una forma de ir de un lado a otro sin moverse del sitio.

LAURA ¿Cómo es posible?

POPOTE Fíjate en mí. (POPOTE *flexiona las piernas y los pies de modo que, sin dar un solo paso adelante, parece caminar.*) ¡Vamos! Haz como yo. ¿A qué esperas?

LAURA Pero así nunca alcanzaré a Tamba. Caminando sin caminar no llegaré a ninguna parte.

POPOTE ¡Llegarás! (LAURA *titubea, pero acaba imitando a* POPOTE. *Deja de andar.*) ¡Magnífico!

LAURA Hay algo que no entiendo. Si usted se ha parado y yo continuo andando, deberíamos alejarnos el uno del otro.

POPOTE	Tienes que avivar el paso.
LAURA	(*Se esfuerza por ir más deprisa.*) ¿Así?
POPOTE	¡Más rápido! ¡A toda pastilla!
LAURA	(*Se para en seco.*) Algo falla. Todo sigue dónde estaba.
POPOTE	¡No te quedes quieta como una estatua. Estabas a punto de conseguir que lo que tiene que moverse, se mueva.
LAURA	Lo siento. Empezaré de nuevo. (LAURA *reemprende la caminata estimulada por los gestos de aprobación de* POPOTE. *Al cabo de un rato.*) ¿Falta mucho para que se mueva lo que tiene que moverse?
POPOTE	Un suspiro.
	(*En efecto, el escenario es invadido por fragmentos del paisaje urbano que se desplazan en sentido contrario al falso caminar de* LAURA. *Fachadas, escaparates, grandes anuncios, marquesinas, semáforos, pasos de cebra, zanjas protegidas con vallas, andamios, cabinas telefónicas….*)
LAURA	¿Voy bien por aquí? (POPOTE *no responde porque ya no está.*) ¡Que contratiempo! ¡Cuando más lo necesitaba! ¿Qué puedo hacer? (LAURA *se detiene y, con ella, el paisaje, lo que*

no deja de sorprenderla. Para sí misma.) Lo más sensato, Laura, es retroceder y empezar de nuevo. (Laura *da media vuelta y simula volver sobre sus pasos. Lo hace lentamente y, al mismo ritmo, el paisaje urbano retrocede. De pronto, descubre a* Gali Matías *doblando una esquina. De su maletín caen gotas de agua, que va dejando un reguero en el suelo.*) Es una suerte que lo haya encontrado.

GALI MATÍAS   (*Huidizo.*) Lo siento. Ya te advertí que no estoy licenciado en el estrujamiento de meninges. Y, además, no puedo perder un minuto. El maletín está rompiendo aguas.

LAURA   Solo quiero que me diga en qué almacén trabaja Tamba.

GALI MATÍAS   Buena pregunta, suponiendo que trabaje en un almacén. ¿Por qué estás tan segura de que es en un almacén? Puede estar empleado en cualquier otro sitio. En una fábrica de ladrillos, por ejemplo.

LAURA   Usted le ofreció…

GALI MATÍAS   No recuerdo lo que le ofrecí y, si le ofrecí lo que dices, es posible que luego le propusiera otra cosa. Suele ocurrir.

LAURA   Tamba iba a firmar un contrato con usted.

GALI MATÍAS   Está firmado.

LAURA   ¿Dónde lo tiene?

GALI MATÍAS   (*Señala el maletín.*) A buen recaudo.

LAURA   Ahí pondrá si está en un almacén o en una
               fábrica de ladrillos. ¿Por qué no lo mira?

GALI MATÍAS   ¡Imposible!

               (LAURA *trata de arrebatarle el maletín y, en el
               forcejeo, se abre. De su interior surgen mon-
               tones de papeles empapados de agua.*)

LAURA   Los papeles están mojados.

GALI MATÍAS   ¡Vaya descubrimiento!

LAURA   ¡No sirven para nada!

GALI MATÍAS   Estoy a punto de sufrir un ataque de indig-
               nación. Los has convertido en cosa inútil e
               inconsistente.

LAURA   ¡¿Yo?!

GALI MATÍAS   ¿Quién, si no?

LAURA   Debe de haber algún error en todo esto.

GALI MATÍAS   Puesto que lo admites, no se hable más.

LAURA   Yo no he admitido…

GALI MATÍAS Asunto zanjado, digo. Ahí te quedas con los contratos, certificados, permisos, altas, bajas, preavisos, avisos y finiquitos.

LAURA Un rollo de papel higiénico vale más que esta papelería. (GALI MATÍAS *coge el maletín vacío y, sin cerrarlo, pone pies en polvorosa.* LAURA *se queda sola sumergida en un mar de papeles. Los estira, trata de ordenarlos y de leer lo que pone en ellos. Como no lo consigue, se enfada y, el enfado, se traduce en hacerlos añicos. Nada parece que pueda levantar su decaído ánimo, pero lo consigue un joven negro que pasa ante* LAURA *portando una larga escalera de mano, un cubo y los útiles necesarios para la limpieza de cristales. Abriendo los ojos como platos.)* ¡Tamba! (*Sin embargo, el joven no es* TAMBA. *Como no lo es otro que sale de una zanja y que tampoco responde a su llamada. Ni el chico de las pizzas que lleva el casco colgado del manillar de la motocicleta, ni el que rompe el suelo con una taladradora neumática, ni el albañil que levanta un muro de ladrillos, ni el mozo que lleva sobre la espalda una pesado saco de cemento, ni el repartidor de bombonas de butano, ni el que empuja una carretilla repleta de cajas. Ninguno es* TAMBA, *aunque todos se parecen a él. También se parecen los que van apareciendo en todo lo largo y ancho del escenario, surcándole en canastillas suspendidas de grúas, subidos en andamios o trepando por laberínticas estructuras metálicas.* LAURA *contempla el singular retablo con asombro, que enseguida se convierte en susto al ver como los jóvenes arriesgan sus vidas haciendo equilibrios a varios metros de altura.)* ¡Se van a matar!

(Como si la hubieran oído, llegan por lugares distintos, el bombero CHISPA *y la enfermera* RESU.*)*

CHISPA   Buenos días, Resu.

RESU   Buenos, Chispa.

LAURA   ¡Hagan algo! No se queden cruzados de brazos.

CHISPA   Calma. Veamos que nos ofrece hoy el Gran Circo Mundial del Trabajo Espeso.

LAURA   El Gran… ¿qué?

CHISPA   El Gran Circo Mundial del Trabajo Espeso. ¿No ha oído hablar de él?

LAURA   Es la primera vez.

RESU   Lleva años instalado en la ciudad.

LAURA   No lo sabía.

CHISPA   Barrunto que hoy vamos a tener faena. El levantador de pesos ha debido confundir kilos con gramos y está a punto de ser aplastado, el soldador está jugando con fuego… Allí veo a uno intentado el triple salto mortal sin red. Y aquel otro…

RESU   ¿El funámbulo?

CHISPA   Sí. Está trabajando en la cuerda floja sin casco ni arnés.

RESU   Si no se rompe la crisma…

LAURA   Se la rompe, seguro.

CHISPA   ¿Periodista?

LAURA   No. Aunque, ya que lo dice, tal vez… (*Duda*.) Puede que estudie periodismo.

RESU   Si no es periodista, ¿qué hace aquí?

LAURA   Busco… buscaba a Tamba.

RESU   ¿A quién?

LAURA   A Tamba.

           (BELTRÁN *salta de la butaca y señala hacia las alturas*.)

BELTRÁN   ¡Allí está!

           (*Todos dirigen la mirada hacia el lugar indicado por el espectador. En efecto, el joven está en un andamio sin protección*.)

TAMBA   (*Se asoma al vacío.*) ¡Laura!

LAURA   ¡Es Tamba!

CHISPA   ¡Cuidado! ¡Va a caerse!

(*Antes de que* CHISPA *concluya la frase,* TAMBA *se precipita desde el balcón colgante. En medio de un impresionante ulular de sirenas y envuelto por los destellos de las señales luminosas de las ambulancias, su cuerpo desciende tan lentamente que hay tiempo de que los brazos extendidos de los presentes, incluidos los de* BELTRÁN, *que se ha encaramado al escenario, amortigüen la caída. Cuando cesa el bombardeo acústico y luminoso, se advierte que todos, excepto* LAURA, *han desaparecido. Junto a ella, que yace tendida en el suelo, sin sentido, está* POPOTE *hecho un manojo de nervios. Ora le toma el pulso, ora le da cachetes en las mejillas y, entre una y otra acción, se lleva las manos a la cabeza. Cuando ya desespera de reanimarla,* LAURA *abre los ojos.*)

POPOTE   (*Aliviado.*) Vuelve en sí. ¡Que respiro! (LAURA *lo mira desorientada.*) ¿Cómo te encuentras?

LAURA   Me duele todo.

POPOTE   Es lo menos malo que te ha podido pasar. Estás viva de milagro.

LAURA   ¿Yo?

POPOTE   ¿Quién, si no?

LAURA   El que se ha caído del andamio es Tamba, no yo.

POPOTE   ¿A qué andamio te refieres? ¿Quién es ese tal Tamba?

LAURA   El chico negro…

POPOTE   ¡Dónde estará el chico negro! Se te ha ido la cabeza. Ha sido un golpe tremendo.

LAURA   ¿Un golpe tremendo? (*Se incorpora y se sorprende de estar en la acera del restaurante autoservicio.*) ¿Qué hago aquí? ¿Qué me ha pasado?

POPOTE   ¿De verdad no te acuerdas? (LAURA *niega con la cabeza.*) Voy a refrescarte la memoria. Has salido de ese restaurante. Has mirado a un lado y a otro, como si no supieras por dónde tirar. De pronto, me has preguntado: «¿le ha visto?». Y yo: «¿a quién?». «A un chico negro». «Si el que buscas lleva sudadera con capucha, pantalones de chándal, zapatillas deportivas y una bolsa, sé a quién te refieres. ¡Por allí! ¡Se ha ido por allí!». Entonces tú has echado a correr tras él, con tan mala fortuna que el motorista te ha arrollado.

LAURA   ¿El motorista?

POPOTE   Se ha dado a la fuga. No tendría los papeles en regla.

LAURA   Seguro que no. (POPOTE *ayuda a* LAURA *a levantarse.*) Muchas gracias.

POPOTE   ¿Puedo hacer algo por ti?

LAURA   Creo que no. Solo estoy un poco mareada. (*Al público.*) Lo del autoservicio sucedió de verdad. Y lo del atropello. El resto, lo soñé. Un sueño la mar de extraño. Un sueño que no acabó así. Todavía cupo en él un encuentro con Tamba. Con Tamba o con quién quiera que sea, en realidad, el muchacho negro. El caso es que no se muy bien en qué momento se representó en mi fantasía. Tuvo que ser, desde luego, antes de que yo recuperara el sentido, pero después de que Tamba se cayera del andamio. Apenas una fracción de segundo. ¿Caben tantas cosas en tan poco tiempo? (*Se rasca la cabeza, sin lograr llegar a una respuesta lógica.*) ¡Caben y punto pelota! Fui a su casa. (*Mientras habla, los tramoyistas cubren un rincón del escenario con baldosas blancas y negras. En el reducido espacio ponen una colchoneta y una silla y, junto a tan escaso mobiliario, en absoluto desorden, objetos de todos los colores y dudosa utilidad.*) Estaba en un barrio parecido a aquel que tanto me asustó. No estoy muy segura de que no fuera el mismo. Tamba compartía el piso con mogollón de gente, pero, cuando lo visité, estaba solo. Menos mal, porque lo que traje para picar no hubiera alcanzado para todos.

(*De entre bastidores alcanzan a* Laura *una bolsa de supermercado. Mientras la recoge,* Tamba, *con la pierna escayolada y alguna venda en la cabeza, entra en la habitación caminando con ayuda de muletas. Allí espera a* Laura, *que acude a su encuentro.*)

TAMBA   (*Mostrando su aspecto.*) Ya ves.

LAURA   Si me hubieras hecho caso cuando te abrieron la brecha… Hubiéramos ido al hospital y Gali Matías no se hubiera cruzado en tu vida.

TAMBA   Cuando tenga el cuerpo reparado, aparecerá otro Gali Matías y, si no aparece, tendré que buscarlo.

LAURA   Cuando te den de alta, lo que tienes que hacer es regresar a tu país.

TAMBA   (*Bromea.*) Estaría loco. Si aquí hay gente capaz de quitarte la comida del plato, imagínate allí.

LAURA   ¡Dale molino! (*Le ofrece la bolsa.*) Toma y calla. Estamos en paz.

TAMBA   (*Fingiendo asombro.*) ¡Comida! Hay para alimentar durante una semana a un regimiento.

LAURA   Como mucho para la merienda de dos personas con poco apetito.

         (TAMBA *vacía la bolsa y va poniendo su contenido –sándwiches, frutos secos, patatas fritas y refrescos– en la silla.*)

TAMBA   Estás en tu casa.

LAURA   Así que vives aquí.

TAMBA   No es gran cosa. (LAURA *no sabe qué responder o, porque lo sabe, no responde.*) Tengo lo necesario. Cama, una silla que me sirve de mesa… (*No se le ocurre qué añadir a la escueta lista.*) Bueno, eso es todo. Es más de lo que nunca he tenido. En casa de mis padres, el suelo es de tierra y, en lugar de la silla, tenía un bidón. Aquí hay luz eléctrica. Allí me alumbraba con una lámpara de aceite. (LAURA *sigue callada. Pasea la mirada por el pequeño recinto.*) De todos modos, esto es provisional. En cuanto pueda, me mudaré a un sitio mejor.

         (LAURA *repara en uno de los objetos.*)

LAURA   ¿Este tambor?

TAMBA   Es un yembe.

LAURA   ¿Lo que tocas en los parques?

TAMBA   Sí.

LAURA   ¿Cómo suena?

TAMBA   (*Le ofrece el instrumento.*) Prueba.

LAURA   ¿Yo? ¡Que disparate!

TAMBA   Adelante.

(LAURA *se anima, pero desafina de tal manera que desiste. Se ríen los dos de buena gana. Luego,* TAMBA *coge el yembe y empieza a golpear suavemente el centro de la tensa membrana de piel. Las pequeñas vibraciones producen un sonido grave, que crece a medida que las manos del joven avivan su ritmo. Cuando se desplazan hacia los bordes, las notas se van haciendo agudas.* LAURA *se sienta en el suelo y escucha en silencio.*)

LAURA   ¿De verdad no quieres volver a Senegal?

TAMBA   (*Rotundo.*) No. (*Tras una pausa.*) Me ha costado mucho salir de allí. Lo que he dejado atrás, no me interesa. Nadie respeta tu dignidad. Hay hambre, mucha hambre. En mi pueblo tocamos a diez mil moscas por habitante y la sarna salta de los lomos de las cabras a las cabezas de los niños. No hay futuro. Además, sin mí, mi familia es menos numerosa.

LAURA   ¿Es mejor lo que has encontrado aquí?

TAMBA   Aquí no he encontrado nada todavía. Bueno, te he encontrado a ti.

LAURA   Que bobada.

TAMBA   En España no soy nadie. Por ahora. Pero no voy a rendirme. Soy muy tozudo. Acabaré ganándome la vida. Tendré papeles en regla. Seré un ciudadano tan legal como tú.

LAURA   Ojalá, Tamba.

(TAMBA *ofrece un sándwich a* LAURA. *Comen en silencio.*)

TAMBA   ¿En qué piensas?

LAURA   En lo que has dicho.

TAMBA   Me haré rico. Muchos como yo se han hecho ricos en España. Hay inmigrantes millonarios. Conozco a uno que no tenía donde caerse muerto y ahora es dueño de veinticinco perfumerías. Tiene una casa inmensa llena de salones y cuartos de baño, cuatro coches y un yate. ¡Lo tiene todo! ¿Por qué no puedo ser como él? ¿Por qué no puedo tener un Rólex de oro? ¿Por qué no puedo conducir un Ferrari o un Mercedes? ¿Qué tal un SLK 500?

LAURA   Yo no entiendo mucho de coches.

TAMBA (*Con los ojos cerrados, se lo imagina.*) Arrancas, pisas a fondo el acelerador y vuelas.

LAURA Otra vez por las alturas. ¿Todavía no has escarmentado? Pon los pies en la tierra, Tamba.

TAMBA Los tengo puestos.

LAURA ¡Que vas a tenerlos! Primero te estrellas contra el suelo y mira el resultado. Ahora, andas por las nubes. ¿Qué quieres? ¿Tocar el cielo?

TAMBA Otros lo han tocado. Quiero un pedazo para mí.

LAURA Confórmate con llegar adonde te dejen.

TAMBA No pararé hasta subir tan arriba como yo quiera. Cuando tenga dinero, regresaré a mi pueblo, pero no para quedarme en él. De visita. Si quieres, me acompañas. Conocerás a mi abuelo, a mi madre, a mis siete hermanos, a mis tíos, a mis primos…

LAURA ¿Y si te dijera que sí?

TAMBA ¿Estarías dispuesta?

LAURA A lo mejor.

TAMBA Me engañas.

LAURA   Te juro que no.

TAMBA   Dices que sí porque estás convencida de que voy a fracasar.

LAURA   Te equivocas, Tamba. Te equivocas.

TAMBA   Entérate que, en esta vida, hasta lo imposible es posible. ¡Tengo derecho a soñar!

LAURA   Claro que lo tienes, caramba. Déjame que sueñe contigo.

TAMBA   ¿Y si todo se va a rodar?

LAURA   Empezamos de nuevo.

TAMBA   ¿Hablas en serio?

           (POPOTE *aparece precipitadamente.*)

POPOTE   ¿He oído bien? ¿Alguien ha pronunciado la palabra sueño?

LAURA
/TAMBA   (*A un tiempo.*) Yo.

POPOTE   ¿Tú o tú?

LAURA   Los dos.

POPOTE   ¡Esta prohibido soñar en los sueños!

LAURA ¿Qué podemos hacer, entonces?

POPOTE Soñar fuera del sueño.

LAURA Si salimos del sueño y soñamos un final de película…

POPOTE Es posible que se haga realidad.

TAMBA ¿Nada más que posible?

POPOTE Nada más.

LAURA Vamos a intentarlo.

POPOTE ¡Estupendo! ¿Preparada para despertar?

LAURA Preparada.

TAMBA (*A* LAURA.) Dame la mano, no vayamos a separarnos. (LAURA *y* TAMBA *se cogen de la mano.*) Más fuerte.

LAURA ¿Así?

TAMBA Así.

POPOTE (*Alza la voz.*) ¡Chapete! ¡Ya se puede despejar el escenario! Laura y Tamba nos dejan.

CHAPETE (*Voz en off.*) ¡Oído!

(CHISPA *entra como una exhalación. Tras él van llegando, con el resuello fuera, los demás personajes, excepto la pandilla de jóvenes, que lo hace con parsimonia y a su aire. Algo ha cambiado en su aspecto: lucen tatuajes y «piercing» y un variopinto vestuario, que incluye desde camisetas de fútbol a uniformes paramilitares.*)

CHISPA   ¡Un momento!

POPOTE   ¿Qué pasa? ¿Un incendio?

CHISPA   No.

POPOTE   ¿Otro accidente?

CHISPA   Tampoco. Pasa que esto no puede acabar así. Los que sólo formamos parte del sueño, dejaremos de existir cuando Laura despierte.

POPOTE   Así son los sueños. Cuando concluyen, todo se desvanece.

(*Algunos personajes del sueño protestan airadamente. No así los jóvenes, que van a lo suyo. En un abrir y cerrar de ojos, dan buena cuenta de los restos de la merienda de* LAURA *y* TAMBA *y luego revuelven los objetos que hay en la habitación buscando algún botín.*)

LAURA   Os prometo que cuando vuelva a soñar contaré con vosotros.

LECTIVO   Promesa vana. En el mundo, todos los que viven sueñan, pero no estoy seguro de que lo hagan más de una vez. Tu sueño ha sido este. Dudo que tengas otro. En tal caso, nosotros seguiríamos en el limbo hasta el fin de los días.

LAURA   ¿Qué podemos hacer, Popote?

POPOTE   Una foto. Una foto de recuerdo.

CHISPA   (*A los demás.*) ¿Qué os parece la idea?

RESU   Así, de pronto…

LECTIVO   Les advierto que soy poco fotogénico.

GALI MATÍAS No me gusta llamar la atención, pero si nadie se opone…

POPOTE   ¡Hecho! Una cámara… ¿Dónde hay una cámara?

CHAPETE   (*Asomando la cabeza por un lateral.*) En el almacén tenemos una de aquellas antiguas.

POPOTE   ¡Tráela!

CHAPETE   Veremos si funciona.

             (*Desaparece* CHAPETE. POPOTE *organiza el grupo, colocando en el centro a* LAURA *y a* TAMBA. *Retrocede unos pasos para contemplar el*

conjunto. A punto de hacer un gesto de satis-
facción, repara en que faltan los jóvenes.)

POPOTE   ¡Eh, vosotros!

UN JOVEN   ¿Qué quiere ese?

OTRO JOVEN   Que salgamos en la foto.

OTRO   ¿Con ese negro?

Y OTRO   Les gusta provocar.

Y OTRO   A lo mejor nos van a fichar.

EL PRIMERO   ¿Qué hemos hecho ahora?

CUALQUIERA DE ELLOS   Lo de siempre. Es por incordiar.

> (*Acuden a posar de mala gana.* POPOTE *los pone
> en cuclillas delante de los demás. Mientras, los
> tramoyistas y utileros despejan el escenario. Al
> punto, reaparece* CHAPETE *con un trípode y una
> vieja cámara de fotógrafo ambulante y la ins-
> tala frente a los personajes.* POPOTE *sostiene en
> alto la barra de magnesio.*)

CHAPETE   ¡Atentos! Miren al objetivo. Sonrían. ¿Lis-
                tos? ¡Ya!

LAURA   (*Bajo, a* TAMBA.) Tengo miedo de perderte.
              (*La llamarada que produce el magnesio al in-
              flamarse llena el escenario de una intensa luz*

*blanca. Cuando desaparece, el grupo perma-
nece inmóvil, como congelado. Tras él, ocu-
pando el fondo del escenario, se proyecta el cli-
ché de la foto. Las imágenes negativas muestran de color negro todos los rostros, menos el
de* TAMBA, *que es blanco.* LAURA *avanza hacia
el proscenio.*) Tamba desapareció, como los
demás. Era el vivo retrato del joven negro al
que quité la comida, pero no era él. He buscado al verdadero y no lo he encontrado.
Nunca sabré su nombre, ni dónde nació.
Pero se los nombres de otros muchos como
él y de qué países vienen. Los encuentro en
todas partes. Me acerco a ellos y les digo:
«¡hola!». ¿Habéis probado a hacerlo? ¿A qué
esperáis?

(*A una señal de* CHAPETE, *las luces se apagan.*)

Fin.

Laura López Mozo

Teatro, acicate
de conciencias y arte

Lo primero que complace de *La verdad de los sueños* (2010) y de *El juego de los esclavos* (2014) es la altura literaria de ambas obras, aun siendo textos cuyo potencial destinatario es un público juvenil[1]. Permítaseme el uso de la objeción infructuosa de la concesiva, pero, por desgracia, y quizá sea una temeridad por mi parte plantear esta cuestión, en no pocas ocasiones, que no en todas, muchos productos culturales dirigidos al espectador infantil y juvenil, ya sean textos o espectáculos, carecen de la calidad que debiera exigírseles. Y aquí me hago eco de las palabras de dos grandes autores: el primero de ellos, George Bernard Shaw que acertadamente señaló, «Ten por norma no dar jamás a un niño un libro que tú no leerías» y, el segundo, C. S. Lewis que afirmaría

---

[1] *La verdad de los sueños* galardonada en 2009 en el V Concurso Iberoamericano de Dramaturgia infantil y juvenil. La primera escena fue representada en el «Auditorio» del «Centro Sociocultural Fernando de los Ríos», de Albolote (Granada), el día 2 de diciembre de 2016, por «Zarzamora Teatro» durante la celebración del III Seminario Internacional de Estudios Teatrales «La inmigración en el teatro de Jerónimo López Mozo y José Moreno Arenas», convocado por el Ayuntamiento de Alborote y la Universidad de Granada, y organizado por Karma Teatro.

que «Un cuento infantil que solo pueden disfrutar los niños no es un cuento infantil en absoluto». Quizá, por lo tanto, deba corregir lo del destinatario potencial porque estos textos dramáticos no entienden de posibles receptores sino de uno solo universal, el cual decodificará el texto y accederá a según qué nivel del mismo en función de su idiosincrasia.

Habría que empezar por señalar que López Mozo no es un autor de textos infantiles o juveniles, si es que esto existe, pero tampoco debe sorprendernos encontrar una pieza de estas características en su vastísima producción, al igual que, siendo esencialmente dramaturgo, también cultivó el ensayo, el relato y la novela. Con esto quiero señalar que López Mozo fue un autor tremendamente prolífico en su producción literaria y que esta fue ecléctica e indagadora.

Señala Manuela Fox, creo que acertadamente, que el teatro de López Mozo se desarrolla en dos tendencias fundamentales «que divisamos a lo largo de toda su trayectoria: la primera, centrada en el compromiso político y civil, que abarca temas de la historia reciente o de la actualidad para llegar a una reflexión ideológica y ética sobre la sociedad, sin dejar a un lado, a menudo, una indagación sociológica sobre el papel del artista; la segunda, orientada hacia la investigación metateatral y metanarrativa en la creación del dramaturgo o del artista, decantándose por un más explícito juego formal. Estas dos vertientes, marcarán toda su producción posterior» (M. Fox, 2019: 148). Y serán estos dos aspectos de manera conjunta los que hallaremos en las obras que nos ocupan.

Ese compromiso político y social es posible rastrearlo desde sus primeras piezas teatrales en los años 60 y 70 del siglo XX. Unas obras que se alejarán de las tendencias realista, en auge en aquellos años, y que beberán del teatro más experimental europeo y norteamericano. Son textos, algunos más de carácter existencialista y otros de clara denuncia social y política, como *Matadero solemne* (1969) en el que se hace un alegato contra la pena de muerte o *Los sedientos* (1965) que aborda las miserables condiciones de vida de los campesinos en un contexto de lucha de clases. Pero no solo se manifestará ya en esas primeras piezas teatrales un contenido comprometido, sino tamién un concepto formal estratégico que tampoco le abandonará a lo largo de su dilatada carrera literaria. Como señaló el propio López Mozo: «En 1969 tenía una idea bastante clara del teatro que debía hacer. Y lo hice. En ese año y en el siguiente escribí *Matadero solemne*, *Guernica* y *Anarchía 36*, obras en las que quedan recogidos tanto mis planteamientos estéticos como políticos». (López Mozo, 1980: s/p).

Permítaseme por lo tanto la licencia de remontarme al comienzo de la andadura creativa de López Mozo, con el propósito, no solo de ofrecer a modo informativo una síntesis de su obra y quehacer literario, sino con el deseo de evidenciar una consciente estrategia artística en la que confluyen la investigación formal y la exigencia de una eficacia social en la que siempre ocupará un lugar preponderante el receptor.

A este respecto y, aunque, posteriormente lo analizaremos con más detenimiento, cabe señalar que serán muchos los elementos encontrados en *La verdad de los sueños* y en *El juego de los esclavos* que ya son evidenciables en esta primera pieza clave de la que venimos hablando, *Matadero Solemne*. Me refiero a la temática de denuncia social y política y, en el caso de *La verdad de los sueños* al uso de un suceso real como nutrimiento creativo. Ambas obras, las del 69 y la del 2009, parten de historias reales y en los dos casos el autor hace referencia a ellas. En el caso de *Matadero solemne*, López Mozo habla del asesinato del Guardia Civil, Valerio Barriga, a manos del quinqui Jesús Ríos Romero y la posterior condena y ejecución del asesino como punto de partida anecdótico para la pieza. En el caso de *La verdad de los sueños* el autor incluye en el texto una nota previa en la que agradece a Rosa Montero su artículo publicado en *El País* en 2005, titulado «El negro» que le sirvió como punto de partida e inspiración para la primera escena. A su vez, la periodista señala en su publicación la veracidad de lo contado[2]. Me ha parecido interesante y

---

[2] Según aclararía posteriormente López Mozo «[…] mucho después supe que el relato de la escritora no se refería a un hecho presenciado por ella ni era fruto de su imaginación, sino que, contado por otros narradores, venía circulando por el mundo desde hacía algunos años». (López Mozo: 2016, 73).

necesario incluir a modo de documento el artículo al que hacemos referencia, pero aconsejo al lector sumergirse primero en la lectura de la obra y, posteriormente, si así lo ve conveniente leer el artículo. A modo meramente informativo, diremos que la anécdota que relata la periodista evidencia los prejuicios de los que muchos son portadores ante personas de otras razas o de otras nacionalidades, considerándolos en muchos casos seres inferiores y necesitados.

No solo en estas dos piezas el dramaturgo acude a acontecimientos reales como inspiración para el desarrollo de un conflicto dramático, sino también en títulos como *Collage Occidental* (1967), *Guernica* (1969), *Anarchia 36* (1971), *El Fernando* (1972) o *Las raíces cortadas* (2005). Todas ellas obras aglutinables bajo el epígrafe, no exento de necesidad de matización, de teatro documento. No es este el lugar adecuado para abordar el análisis de este género, pero sí debemos hacer ciertas puntualizaciones. A grandes rasgos, el teatro documento nace a principios de los años 60 de la mano, entre otros autores, de Peter Weiss. Son obras que parten de hechos respaldados por documentos ya sean gráficos o textuales y que tienen una clara finalidad didáctica, propagandística o ambas cosas a la vez. Fue precisamente, según manifestó el propio autor, ese carácter pedagógico el que convirtiera el teatro documento en fórmula perfecta para su teatro político, ya que, bajo el régimen dictatorial había un público especialmente necesitado de información. Aunque, no creemos que *La verdad de los sueños* pueda incluirse en este tipo de piezas, sí fue una constante en su proceso creativo absorber la actualidad informativa que le rodeaba, lo que hacía que sus obras nunca fueran vestigio del pasado sino respuesta de las necesidades sociales del presente. No quiero decir con esto que López Mozo diera la espalda al pasado histórico, todo lo contrario, para el dramaturgo, rendir tributo a la memoria histórica era una obligación moral, pero siempre con la mirada puesta en el presente, tanto para rendir el tributo que merecía ese pasado, como para no repetir sus errores y horrores. Como señalaría Virtudes Serrano, «López Mozo es uno de los autores de referencia obligada al hablar de la memoria histórica del teatro español desde la segunda mitad del siglo XX» (2019:17). En este apartado podemos incluir obras como *Bagaje* (1983), *El arquitecto y el relojero* (1999), *El olvido está lleno de memoria* (2002), *Cúpula Fortuny* (2011) o *Las raíces cortadas* (1998). Curiosamente, en la línea de lo que venimos diciendo, para López Mozo, el asunto del sufragio femenino, recogido en esta última pieza, era interesante porque ponía sobre la mesa el tema de los derechos de la mujer, «[…] algunos de los cuales, a estas alturas, todavía no han sido conquistados. Aunque en esta materia las cosas han cambiado mucho, el papel de la mujer en nuestra sociedad sigue siendo objeto de debate», (López Mozo, 2005: 15) afirmaría el dramaturgo. Como vemos, el recuerdo estaba en permanente comunicación con lo coetáneo.

Volviendo a esas obras centradas en la actualidad, nos encontramos frente a un repertorio que aborda la mayor parte de los grandes temas sociales los cuales durante estos últimos años han dibujado nuestro panorama comunitario: los marginados y los sin techos en *Eloídes* (1990); la inmigración en su obra *Alhán* (1995), ganadora del Premio Nacional de Literatura Dramática en (1998), *El in(v/f)ierno de Khaled Massoud, actor* (2019) y en su pieza breve *Desde la valla* (2022); el delicado tema del terrorismo nacional, *Puerta metálica con violín* (2000) e *Hijos de Hybris* (2001) e internacional, *Extraños en el tren/Todos muertos* (2004) y *Bajo los rascacielos* (2004); el maltrato de género, en un texto como *Ella se va* (2001); el movimiento del 15M (que reivindicaba el derecho a una vivienda digna, Sanidad pública universal, gratuita y de calidad, libre circulación de personas y refuerzo de una educación pública y laica) como telón de fondo en el texto *José Barbacana* (2013). No debemos dejar de mencionar algunos textos escritos durante el confinamiento por el Covid en el año 2020, agrupadOs bajo el título *Desde mi celda* y en su mayoría inéditos.

Habría pues que incluir en esta nómina las obras que nos competen, ya que sus conflictos abordarán, nuevamente, aunque con otro tratamiento, el tema del racismo y la xenofobia en *La verdad de los sueños* y el de la explotación y abuso del vulnerable a manos de los poderosos en *El juego de los esclavos*.

Este conjunto de piezas tiene, como intención primordial, informar al público y empujarlo a la toma de conciencia, y he aquí ese carácter instructivo al que aludíamos anteriormente. En palabras del propio dramaturgo «Fiel a mi idea de que el teatro no debe proponer soluciones, sino despertar conciencias y estimular el debate en torno a las cuestiones que se plantean, ofrezco un final que me exime del compromiso de transformar por obra de birlibirloque y por exigencias del guion, un cuadro de tonos oscuros en una luminosa pintura de brillantes colores» (López Mozo: 2016, 74). En conformidad con lo aquí expuesto, ambas piezas, a pesar de estar dirigidas a un público joven, huyen de edulcorar la realidad y sus finales serán más alentadores y formativos que resolutivos. En *La verdad de los sueños*, su protagonista, Laura, cerrará el drama instando al público a la acción:

LAURA   *Tamba desapareció, como los demás. Era el vivo retrato del joven negro al que quité la comia, pero no era él. He buscado al verdadero y no lo he encontrado. Nunca sabré su nombre, ni dónde nació. Pero sé los nombres de otros muchos como él y de qué países vienen. Los encuentro en todas partes. Me acerco a ellos y les digo: «¡hola!». ¿Habéis probado a hacerlo? ¿A qué esperáis?*

E Igualmente, pedagógico, con un regusto pesimista es el último acto de *El juego de los esclavos*:

TRIVELÍN   *(Al público) El juego de los esclavos fue creado para tratar de resolver el eterno conflicto entre explotadores y explotados. Es un conflicto tan viejo como el mundo. Se inició cuando al hacerse el primer reparto de los bienes de la tierra, unos cuantos tomaron más de lo que les correspondía y dejaron a los demás sin nada. Desde entonces, la lucha por corregir la injusta situación ha sido constante y, los finales, muchas veces sangrientos y con frecuencia fallidos. Mucho me temo que al que aquí hemos llegado tampoco haya resueto nada...*

Aunque, como podremos observar, ambos textos tienen concomitancias, tanto en su fondo como en su forma, cada una de las piezas requieren un análisis por separado porque, señala Pedro Víllora, refiriéndose al conjunto del teatro de López Mozo, aunque «hay elementos de carácter ideológico y estético que conforman cierto aire de familia [...]». «Es infructuoso el intento de encontrar plantillas que presidan el trabajo del autor [...]» (López Mozo: 2005, 10). De ahí que nos hallemos ante dos piezas dirigidas a un público joven, con un claro trasfondo social, una finalidad didáctica y otros muchos elementos formales en común y que, sin embargo, son dos productos artísticos cuya complejidad requerirán tratamientos independientes.

Como hemos señalado anteriormente, *La verdad de los sueños* se suma al corpus, formado por *Ahlán*; *Extraños en un tren/ Todos muertos; El in(v/f)ierno de Khaled Massoud, actor* y *Desde la valla* de obras que abordan el tema de la inmigración. Para el dramaturgo, como declararía en la entrevista que le realizó Moreno Arenas durante la celebración del III Seminario Internacional de Estudios Teatrales, esta materia siempre le produjo pesar por «[…] lo mal que hemos recibido en España a los inmigrantes […] cuando ha sido un país que ha provocado inmigración […] siempre he tenido una sensación amarga de que los españoles que han ido al extranjero han sido, por lo general, bien aceptados […] y, sin embargo, cuando hemos recibido a los inmigrantes, no les hemos dado el trato que todo ser humano merece» (López Mozo: 2016, 338). Será esto lo que le motivaría a escribir un texto como *Ahlán* y siempre pensó que esta sería su única obra sobre inmigración. Sin embargo, luego vendrían encargos como *Extraños en un tren/Todos muertos*[3] y habría que esperar a *La verdad de los sueños* para que López Mozo

---

[3] «No entraba en mis planes volver a ocuparme de la inmigración, en parte porque ya era considerable el número de colegas que lo hacían. Sin embargo, casi una década después hube de hacerlo para atender un encargo del director de escena Adolfo Simón. Su idea era rendir desde el mundo de la escena, un homenaje a las víctimas del atentado yihadista del 11 de marzo de 2004, en el que la explosión de varias

abrazara de nuevo el tema voluntariamente. Hasta el momento nunca se había atrevido a escribir nada juvenil y era algo que le venía tentando: «[…] pensé que había llegado el momento de escribir algo dedicado a jóvenes. Y mira, pues, buscando temas […] volví a reincidir en el tema de la inmigración […]» (López Mozo: 2016, 342- 343).

Quizá haya otra obra que debamos mencionar en esta nómina, nos referimos a *Nuestros niños/Nuestro futuro* (2006). Según cuenta el propio autor son dos versiones de la misma obra porque la primera por error suyo no cumplía con los requisitos del encargo. Este primer texto no trata sobre la inmigración sino sobre un niño africano que reprocha a una misionera el haberle enseñado a leer y como consecuencia de esto haberse hecho conocedor de una realidad social de desigualdad con respecto al mundo desarrollado que por dolorosa hubiera preferido ignorar. En la segunda

---

mochilas cargadas con dinamita en cuatro trenes de la red de cercanías de Madrid provocó 191 muertes. Para ello invitó a once dramaturgos a escribir otros tantos textos breves que serían representados el día en que se cumplía el primer aniversario del acto terrorista, primero por separado, en diversos teatros de la capital y, al final de la jornada, todos ellos en el teatro Español. Mi aportación al proyecto fue *Extraños en el tren/Todos muertos* (2006 y 20011)» […] se trata de una pieza sobre terrorismo, pero el hecho de que entre los autores del atentado hubiera ciudadanos árabes residentes en España, también la vincula con la inmigración (López Mozo: 2016, 69).

versión, ya sí, el protagonista es un adolescente sin nombre inmigrante en Madrid[4].

Posterior a *La verdad de los sueños*, escribiría, en 2019, *El in(v/f)ierno de Khaled Massoud, actor*[5] y, en 2022, otro monólogo, *Desde la valla*[6].

Creemos que puede ser interesante comenzar el análisis dedicando unas líneas al tratamiento de la «otredad» en esta pieza de López Mozo. Dejando a un lado *Extraños en un tren/Todos muertos*, que tiene como conflicto principal el terrorismo y a excepción también de *Desde la valla*, monólogo protagonizado por un militar, tanto en *Ahlán* como en *El in(v/f)ierno de Khaled Massoud, actor* o en *Nuestros niños nuestro/Nuestro futuro* y, por supuesto, *La verdad de los sueños*, López Mozo apuesta por dar voz al «otro», aunque no sea el único personaje que aparezca, como sucede

---

[4] En 2005, Adolfo Simón propuso a López Mozo participar en un proyecto junto con 89 autores más. Tenían que escribir monólogos muy breves sobre el Sida para ser representados por calles y plazas de Madrid (López Mozo: 2016, 71).

[5] Es una de las 23 obras breves que conforman el volumen *La patria de los parias*. Son textos de carácter social alrededor de la idea de la esclavitud laboral. El texto de López Mozo versa sobre el actor inmigrante Khaled Massoyud, cansado de interpretar siempre papeles que proyectan una imagen peyorativa del inmigrante (López Mozo: 2019, 183- 188).

[6] Es una de las 30 obras breves reunidas bajo el título *Las fronteras son quimeras* de ediciones Invasoras.

en las dos piezas breves mencionadas. Para el dramaturgo será muy importante subir al «otro» al escenario. En el texto que nos ocupa, aunque, a priori, parece que el peso dramático del texto recae sobre el personaje español, Laura, serán las palabras del propio afectado, Tamba, las que informen sobe las calamidades e infortunios a los que los inmigrantes han de enfrentarse.

La verdad de los sueños es una obra con una composición compleja. Y en este punto, tenemos que regresar a un texto como *Ahlán*, que en muchos aspectos marcará un antes y un después en su escritura. El propio López Mozo afirma que «Después de escribir *Ahlán*, empecé a alterar la estructura habitual de los textos. El primer paso consistió en reemplazar la exposición lineal de la fábula por el relato fragmentado y la alteración del orden temporal de las escenas. También renuncié a los cambios de escenografía cuando la acción transcurre en varios lugares [...] a las citadas, siguieron otras novedades: el *collage*, el uso de la elipsis, el minimalismo escénico, la intertextualidad, el teatro dentro del teatro...» (López Mozo: 2012, 1-17). No obstante, la preocupación por lo formal en el teatro está presente en el dramaturgo, como ya señalamos con anterioridad, desde sus comienzos, así declararía que, en sus primeros años, en torno a 1969, «estaba más preocupado por la forma que por el fondo de mi teatro» (Isasi Angulo, «Entrevista con Jerónimo López

Mozo», 332). Como acertadamente señala
John P. Gabriele «La experimentación con una
variedad de estilos y técnicas teatrales a lo largo de su carrera (teatro documento, el Living
Theatre, el collage, el happening, por ejemplo) tienen como objetivo contrarrestar la uni-
dad o síntesis formal y estructural del arte teatral realista para movernos hacia una descom-
posición de formas y de estructura indicativa
de una expresión teatral más bien impresionis-
ta. Su fin último es demoler la proverbial «cuarta pared», revelar la cualidad profundamente
autoconsciente de su drama, y plasmar un *diálogo*, como dice el mismo López Mozo, *entre el
espectador o lector con la obra de arte* (Díaz Sande: 2004, 3)» (Gabriele, John P: 2005, 121).
Pues bien, en la pieza que nos ocupa, serán
fácilmente reconocibles muchos de estos elementos, se mezclará lo metateatral con lo onírico y también habrá una alteración temporal
de los hechos, usará la elipsis, la intertextualidad y habrá una clara ruptura de esa pared
invisible ya mencionada.

La acción comienza (rescatando y reela-
borando la anécdota contada por Rosa Montero) en el plano del realismo (frente al plano
onírico), que será donde se produzca el primer encuentro entre Laura y el joven inmigrante, así como se origina el detonante del
devenir del resto de la historia que versará sobre la búsqueda que Laura hará del chico africano, con el que desea reencontrarse. Ya desde la primera acotación y en dicha escena,

llamémosla, desencadenante, encontramos alguno de estos procedimientos teatrales anteriormente mencionados. Así, se permitirá a los espectadores ser testigos del montaje del escenario por los utileros mientras entran y ocupan sus localidades. Ese juego metateatral será algo que se repetirá a lo largo de la pieza, en varias ocasiones, siendo frecuentes las alusiones a los entresijos teatrales: a la escenografía, tramoyistas y utileros, así como a otros elementos contextuales a la representación, al propio autor, al libreto o incluso al programa de mano. Cabe resaltar cómo se genera así una conciencia de lo artístico entre los actores y el público y se comparte lo que de ritual y ceremonial hay en el teatro.

BARRENDERO *¿Acaso no te gusta la plaza?*
LAURA *¡Es horrible!*
BARRENDERO *Pues la quitamos y asunto arreglado. Además, así me ahorro limpiarla.*
LAURA *¿Así de sencillo?*
BARRENDERO *Esto lo desmontan Chapete y los tramoyistas en un periquete.*
LAURA *¿Quién es Chapete?*
BARRENDERO *El jefe de montaje*
[…]
BARRENDERO *No pensarás continuar con el escenario vacío.*
LAURA *Es que… creo que no voy a quedarme. Me voy. (Hace intención de marcharse) Adiós.*
BARRENDERO *¿Cómo que adiós? Ni hablar. Tienes una historia que contar. Te hemos cedido el teatro para que lo hagas […].*

Encontraremos más ejemplos de este tipo diseminados por la pieza. Así, en un momento determinado el personaje de Popote (el barrendero) emplaza a Laura a hacer mutis por estar alargándose la acción en exceso o unos jóvenes hablan sobre el comienzo de la escena y de si disponen de tiempo para cambiarse.

Por otra parte, podemos observar, siguiendo el rastreo de esos elementos experimentales de carácter formal anteriormente mencionados, cómo el personaje de Laura también participa, desde su aparición en escena, de esa consciencia de ser parte de una representación y se dirigirá directamente al público, aunque sea, en primera instancia, como narradora. De esta manera, y ya desde el comienzo se rompe con la cuarta pared. Según avance el texto esto se hará mucho más evidente, por ejemplo, al bajar Laura del escenario al patio de butacas para continuar allí la escena, rebasando así los límites canónicamente adscritos a la representación o cuando el personaje que hará de Espectador, bautizado para la obra como Beltrán, poeta y nombrador, se dirija abiertamente al público porque hay que dar nombre a los personajes ya que es necesario huir del anonimato y el autor se ha olvidado de ello. Así le dice a Laura:

ESPECTADOR   [...] *Nos hemos habituado a ir por la vida como seres anónimos. (A* Laura.*) Tú, sin ir más lejos, no nos has dicho cómo te llamas.*

LAURA   *(Cargada de razón.) ¡Laura!*

ESPECTADOR   *Eso lo sabes tú. ¿Y los demás qué? […] (Al público y a los demás personajes.) ¿Lo han oído ustedes? (Todos niegan con la cabeza.) ¿Lo ves?*

LAURA   *(Se disculpa.) Figura en las acotaciones.*

ESPECTADOR   *¿Dónde están las acotaciones? ¡En el libreto! ¿Insinúas que teníamos que haberlo leído antes de venir al teatro?*

LAURA   *También está en el programa de mano.*

ESPECTADOR   *¡Buen sitio! (De nuevo al público.) ¿Alguien se ha fijado en lo que pone en el programa de mano? […].*

LAURA   *Tienes razón. Debí decir mi nombre al principio.*

ESPECTADOR   *No es culpa tuya, sino del autor. Los autores importantes no olvidan esos detalles […].*

El hecho de que López Mozo quiera que sus personajes sean conscientes de estar ejecutando una representación hará que el público esté presente en todo momento:

POPOTE   *No tengas tanta prisa. ¿Has pensado en el público?*

LAURA   *A ¿Qué pasa con él?*

POPOTE   *Si te vas, no verá lo que sucede.*

Como señalamos al principio, en *La verdad de los sueños*, encontramos varios planos en los que se ejecuta la acción, el del realismo y el onírico, ambos contaminados por lo metateatral. Comienza el mundo de los sueños y de lo fantástico con lo que ello tiene de dificultad desde un punto de vista escenográfico y se asiste a un acto de intertextualidad, convirtiendo a la joven española en una suerte de Alicia que a través de una boca de metro entrará en un nuevo mundo-espacio escénico tan ilusorio como el de la protagonista de la novela de Lewis Carroll. En ese viaje por el mundo de los sueños entrará de la mano de un Barrendero (qué mejor conocedor y guía para recorrer las calles de un lugar) e irá encontrándose con otros personajes, alguno claramente identificable con su correlato en la novela de Alicia; este es el caso del Profesor, el apresurado conejo blanco de esta historia. Es interesante ese rito, de alguna forma, bautismal al que López Mozo somete a sus personajes concediéndoles una identidad en el plano onírico. Lo hará de la mano de Beltrán, que aparecerá primero como «Espectador» (nuevo guiño metateatral). Señala el autor, toma prestado para su personaje, el apellido y la profesión de Fernando Beltrán, poeta e inventor de nombres comerciales. Será este personaje el que otorgue un nombre al Barrendero, lo llamará Popote; al profesor, Lectivo y al joven inmigrante, Tambacounda (abreviado luego por Laura en Tamba).

Lo onírico en esta pieza de López Mozo tiene una doble naturaleza. Por un lado, el sueño como anhelo del ser humano de algo mejor:

TAMBA   *Entérate de que, en esta vida, hasta lo imposible es posible. ¡Tengo derecho a soñar!*

LAURA *Claro que lo tienes, caramba. Déjame que sueñe contigo.*

Y ya en esas mismas líneas, el sueño como representación fantástica frágil, por su esencia imaginaria, y que absorbe toda una tradición literaria en la que la existencia de los personajes es indisociable del ser que los sueña o crea. Nos referimos a ese «Estamos hechos del mismo material que los sueños y un sueño ciñe nuestra corta vida» de *La Tempestad* de Shakespeare; a esa advertencia de los gemelos Twedledum y Twedlede de que Alicia no es la soñadora, sino la soñada en *A través del espejo y lo que Alicia encontró allí*, de Carroll o ese final de *Las ruinas circulares* de Borges, «Con alivio, con humillación, con terror, comprendió que él también era una apariencia, que otro estaba soñándolo». En *La verdad de los sueños*, Popote advierte a Laura de dos cosas, la primera, de que está prohibido soñar en los sueños y la segunda, de que cuando un sueño concluye todo se desvanece. Ante esto «Algunos personajes protestarán airadamente» y aunque Laura les promete volver a soñar con ellos, Lectivo le responderá con un juego de conceptos en el que se mezclarán esas dos naturalezas del sueño, el de anhelo y el de representación fantástica:

LECTIVO *Promesa vana. En el mundo, todos los que viven sueñan, pero no estoy seguro de que lo hagan más de una vez. Tu sueño ha sido éste. Dudo que*

*tengas otro. En tal caso, nosotros seguiremos en
el limbo hasta el fin de los días.*

Como forma de atrapar el momento, de rete-
ner para el futuro la existencia de todos ellos,
deciden hacer una foto y en ella, como le ocurre a Alicia a través del espejo, el mundo se
invertirá:

*«Las imágenes negativas muestran de color ne-
gro todos los rostros, menos el de Tamba, que es
blanco».*

Será en este plano onírico donde López Mozo
otorgue voz al otro y conoceremos la realidad
a la que se enfrenta a diario el inmigrante.
Tamba, será un joven negro senegalés, que
dice haber olvidado su nombre y que proce-
de de un lugar que afirma han quitado del
mapa. Es decir, un hombre que ha perdido su
identidad y que no desea regresar a sus orígenes. Desde el primer momento, Tamba se
mostrará desconfiando y temeroso por su posible detención y consiguiente deportación.
Incluso, aun siendo agredido por una banda
de jóvenes *skinheads*, se niega a denunciarlo
y a buscar atención hospitalaria. En ese retrato que se va haciendo de lo que acontece al
inmigrante en el país de acogida (si es que es
correcto el uso de ese término), aparecerá la
figura del Gestor, renombrado como Gali Matías que no es otro que el oportunista que espera enriquecerse a costa del desfavorecido,

mediante la promesa de un trabajo en el que posiblemente será explotado. Aprovechando ese tono de juego y de absurdo, muy en la línea de *Alicia* o, incluso, de los delirantes diálogos de los Hermanos Marx, López Mozo evidencia de forma amable, no olvidemos que va dirigido a un público juvenil, pero no por eso menos terrible, las contradicciones en las que incurre una sociedad que no sabe ni, en última instancia, quiere solucionar un problema ya de por sí tremendamente complejo:

GALI MATÍAS *¿Por dónde empezamos? (Aclarando la pregunta.) ¿Trabajo y papeles o papeles y trabajo? ¿En qué orden? (*TAMBA *no sabe qué responder.) Sin trabajo no hay papeles y sin papeles no hay trabajo.*

TAMBA *Yo quiero tener papeles y conseguir un empleo.*

GALI MATÍAS *¡Todo al mismo tiempo! ¡Qué impaciencia! Muchachito, creo que no me he explicado suficientemente. Te lo diré de otra manera. Yo podría proporcionarte un trabajo si tú tuvieras los papeles en regla. Como no los tienes, no puedo contratarte, si no te contrato, no puedo darte de alta, y si no te doy de alta…*

Y como todo sistema deficiente, su imperfección permitirá al ladino y corrupto aprovecharse del débil:

GALI MATÍAS *Lo dicho, dicho está. Pero lo dicho no impide decir lo contrario, si lo contrario está a nuestro alcance es más conveniente.*

LAURA   *¡Qué lío!*
GALI MATÍAS *Ninguno. Yo actúo a partir del sabio principio*
            de que, hecha la ley, hecha la trampa.

No perderá oportunidad López Mozo de ilustrar el mundo laboral al que está destinado el inmigrante ilegal y las condiciones laborales del mismo. Como dirá el personaje del bombero, Chispa, «Veamos que nos ofrece hoy el Gran Circo Mundial del Trabajo Espeso», que no será otra cosa que a jóvenes arriesgando su vida, suspendidos a varios metros de altura sin ningún tipo de elementos de seguridad.

No debemos olvidar en ningún momento, y disculpen la insistencia que, a pesar de su complejidad formal, que *La verdad de los sueños* es una obra destinada a un público juvenil y de ahí que el tratamiento del tema sea más ligero que en otros de sus obras. Sin embargo, mientras leía el texto, algunos elementos, aunque fueran ligeras pinceladas, hacían que mi memoria se trasladara a *Ahlán*. Insisto en que en ocasiones han sido solo trazos que me han evocado otros de esa pieza clave en su dramaturgia. Este es el caso de uno de los diálogos entre Gali Matías y Tanga en el que el primero examina al joven senegalés como si de un animal se tratara: «[…] Abre la boca, enséñame los dientes saca la lengua, levanta los brazos, una pierna, otra pierna…». Sin poder remediarlo, he rememorado la singular escena de *Ahlán* inspirada en *La caza* de Saura en la que López Mozo establece un paralelismo entre la caza de conejos y la persecución de inmigrantes. También me ha sucedido algo similar con ese transmutar los papeles raciales que ya hemos mencionado al referirnos a la fotografía que al ser revelada mostraba el rostro de Tamba blanco y el del resto de retratados, negros. Hay en *Ahlán* una escena terrible por su dureza, la XXI Mascarada, en la que el protagonista Larbi secuestra a un hombre blanco ebrio y mientras este está inconsciente le pinta la cara con betún y él se la blanquea con polvos de talco. Esta metamorfosis le servirá como excusa para, invirtiendo los papeles, ejecutar su particular venganza y maltratar al hombre, representante de todos aquellos que hicieron lo mismo con él y con otros inmigrantes. Se trata de una escena de una teatralidad escalofriante en la que de una singular manera se juega nuevamente con lo metateatral.

Este juego transmudador nos sierve para enlazar con la otra pieza *El juego de los esclavos*. Porque en la isla de los esclavos, Trevelín, maestro de ceremonias, propondrá al Señor Negrero y Prisco, explotador y esclavo respectivamente, invertir los papeles en un intento, mediante un acto de empatía, cambiar el comportamiento abusivo del déspota.

En esta breve obra juvenil, y en consonancia con lo que venimos señalando, López Mozo sigue haciendo uso de determinados mecanismos como la ruptura de la cuarta pared y el metateatro. Al igual que en *La verdad de los sueños*, el personaje de Beltrán es previamente un espectador que pasa a formar parte del reparto, en *El juego de los esclavos*, el personaje de Trevelín es también un espectador que abandona su localidad y sube al escenario porque forma parte del elenco de la obra. Poco después, se establecerá un diálogo entre el Señor Negrero y él en el que se explicitará el hecho de estar en una obra de teatro. Y serán varias las ocasiones en que alguno de los personajes se dirija abiertamente al público. Especialmente relevante a este respecto es la última escena en la que Trevelín ante el fracaso de su empresa abandona su puesto y anima a los espectadores a ocupar su lugar y crear una nueva representación.

Si en *La verdad de los sueños*, López Mozo se comunicaba con una obra como *Alicia, en El juego de los esclavos* se respiran los vestigios de *El Quijote*. De la imaginación de Cervantes nació el caballo de madera falsamente volador, Clavileño, y Don Quijote y Sancho con los ojos vendados, creyeron volar a sus lomos. En la obra que nos ocupa, Trevelín embarcará con un ardid al Señor Negrero y a Prisco (que también irá con los ojos vendados) en un viaje en avión; un vuelo a todas luces falso (puesto que estamos en el teatro) con el objetivo de llevarlos a un supuesto lugar, la isla de los esclavos, donde alejados de los dominios del amo y deseoso este del regreso, aceptará el juego de cambio de papeles propuesto por Trevelín. Aunque la interpretación del episodio del *Quijote* se ha visto en general reducida a una mera farsa, ha habido estudiosos que han interpretado el pasaje como un viaje más trascendente[7]. Más allá de la interpretación de la peripecia quijotesca, la andanza que nos ocupa sirve a López Mozo como salida del mundo real, en el que no tiene cabida el cambio de papeles y la llegada a un espacio, aunque sea imaginario, en el que es posible el juego.

Quizá en esta pieza sea mucho más evidente el didactismo que en la anterior y también se haga más explícito un cierto fatalismo ante el éxito de una empresa de tal envergadura, como es la lucha por la igualdad. No obstante, tanto en *La verdad de los sueños*, como en *El juego de los esclavos*, López Mozo deposita en el público, es decir, en la sociedad, la responsabilidad de un posible cambio. El teatro solo deber ser reflejo de una realidad y acicate de conciencias. Se agradece que en esa misión y transitar, no se olvide en ningún momento de que lo que se está haciendo es literatura, arte.

---

[7] Joseph E. Gillet, «Clavileño: su fuente directa y sus orígenes primitivos», Anales Cervantinos, 6, 1957, pp. 253-54

Bibliografía

Díaz Sande, José Ramón (2004): «Jerónimo López Mozo. Dramaturgia social», 17 de diciembre 2005, «http:www.madridteatro.net/teatr/entrevistas/entrevistas001.htm», pp. 1- 7.

Fox M. (2019). «Jerónimo López Mozo: compromiso y metateatralidad», *Acotaciones* 42: 147-184.

Gabriele, John P. (2005). Jerónimo López Mozo: forma y contenido de un teatro español experimental. Editorial Fundamentos.

(LÓPEZ MOZO, 1980, «Apuntes para una biografía', s/p].

López Mozo, Jerónimo (2005). *Las raíces cortadas*. Madrid: Asociación de Autores de Teatro/ Consejería de Cultura de la Comunidad de Madrid.

López Mozo, Jerónimo (2010). *La verdad de los sueños*, en AAVV: V *Concurso Iberoamericano de dramaturgia infantil y juvenil*, Bilbao, Centro de Documentación de Títeres, pp. 11- 44.

López Mozo J. (2012). «Hurgando en la memoria: un repaso a mi trayectoria teatral», *Anagnórisis* 6: 1-17.

La inmigración en el teatro de Jerónimo López Mozo y José Moreno Arenas. Actas del III Seminario Internacional de Estudios Teatrales ½ DIC 2016. Coordinación de Eileen J. Doll.

López Mozo, Jerónimo. «Inmigrantes: viajeros sin equipaje», en La inmigración en el teatro de Jerónimo López Mozo y José Moreno Arenas. Actas del III Seminario Internacional de Estudios Teatrales ½ DIC 2016. Coordinación de Eileen J. Doll.

López Mozo, Jerónimo (2019). *El in(v/f)ierno de Khaled Massoud, actor,* en *La patria de los parias.* Trabajos esclavizantes en el siglo XXI. Edición literaria de Alberto de Casso. Prólogo Carlos Caballero. Ed. Invasoras, nº 68, p. 183- 188.

Serrano V. (2019). «Introducción». J. López Mozo, *Yo, maldita india… La infanta de Velázquez. Ella se va.* Cátedra: 9-118.

López Mozo, Jerónimo (2022). *Desde la valla,* en *Las fronteras son quimeras.* VV. AA. Ed. Invasoras, p- 91- 96.

Esta primera edición de *El juego de los esclavos* y *La verdad de los sueños*
de Jerónimo López Mozo, terminó de imprimirse
en octubre de dos mil veinticinco,
en Madrid.